源赖朝

武家政治的开创者

[日] 元木泰雄 著

林怡冰 译

江苏人民出版社

图书在版编目(CIP)数据

源赖朝:武家政治的开创者/(日)元木泰雄著;
林怡冰译. —— 南京 : 江苏人民出版社, 2022.4
ISBN 978 - 7 - 214 - 26578 - 4

Ⅰ.①源… Ⅱ.①元… ②林… Ⅲ.①源赖朝—生平
事迹 Ⅳ.①K833.135.2

中国版本图书馆 CIP 数据核字(2021)第 198794 号

MINAMOTONOYORITOMO-BUKE SEIJI NO SOSHISHA
By Yasuo MOTOKI
Copyright © 2019 by Yasuo MOTOKI
Original Japanese edition published by CHUOKORON-SHINSHA, INC.
All rights reserved.
Chinese (in simplified character only) translation copyright © 2022 by Jiangsu People's
Publishing House.
Chinese (in simplified character only) translation rights arranged with CHUOKORON-
SHINSHA, INC. through Bardon-Chinese Media Agency, Taipei.
江苏省版权局著作权合同登记号:图字 10 - 2020 - 101

书　　　名	源赖朝
著　　　者	[日]元木泰雄
译　　　者	林怡冰
责 任 编 辑	康海源
装 帧 设 计	尬　木
责 任 监 制	王　娟
出 版 发 行	江苏人民出版社
地　　　址	南京市湖南路 1 号 A 楼,邮编:210009
照　　　排	江苏凤凰制版有限公司
印　　　刷	江苏苏中印刷有限公司
开　　　本	787 毫米×1 092 毫米　1/32
印　　　张	9.625 插页 4
字　　　数	169 千字
版　　　次	2022 年 4 月第 1 版
印　　　次	2022 年 4 月第 1 次印刷
标 准 书 号	ISBN 978 - 7 - 214 - 26578 - 4
定　　　价	68.00 元

(江苏人民出版社图书凡印装错误可向承印厂调换)

目　录

前　言

　　建久元年(1190)十一月七日,持续数日的雨终于停了,天在午后放晴。激烈呼啸的寒风中,三骑马并驾齐驱组成的浩荡行列,无声无息地向京都行进。这队人马是源赖朝及其御家人①。身着绀青色与丹色水干②、戴鹿皮绑腿(行縢)的源赖朝骑着黑马在行列的中心,被千骑的随从兵士围绕。大概他是居高临下地睥睨着四周吧。后白河院也从牛车中偷偷地看着行列行进。

---

① 御家人,日本镰仓时代至江户时代,对与将军有主从关系的武士的敬称。镰仓时代时,更强调源赖朝与一般武士之间的直接关系。——译者注(本书脚注如无特别说明,均为译者注)
② 平安时代确立的一种男性贵族服装。

　　从永历元年（1160）三月，源赖朝作为流人被从京都流放到伊豆以来，已经过去了 30 年。打倒仇敌平氏一门，以及同为河内源氏一门的对手义仲及义经，还有最后的强敌平泉藤原氏后，赖朝成了武士世界中唯一的胜者。源赖朝曾作为战争后幸存的流人凄惨地被逐出京都，如今却是作为胜者凯旋。

　　其间，京都历经多次大火、大地震，还有退出京都的军队的放火、进驻京都的军队的掠夺，理应在混乱与复兴的过程中发生了巨大的变化。源赖朝曾经作为后白河院的近臣，背负着对其未来的期望。那时可能就深深刻印在他脑海中的京都的样子，一定彻底地变了。源赖朝亲自结束了为京都带来混乱的内乱，作为胜者上京。变化了的京都是怎样映在他眼中的呢？

　　当然，赖朝自身也有了巨大变化。14 岁（虚岁，下文同）时从京都被流放至伊豆的他也年纪渐长，已经 44 岁了。他可能已经头发花白。平治元年（1159）的平治之乱中，他的父亲战败而死，他也在逃亡之后被捕，面临过被处刑的命运。正如众所周知的一样，在平清盛的继母池禅尼的请求下，赖朝得以九死一生，被发配到了伊豆。成了一介流人的赖朝，在治承四年（1180）举起了打倒平氏的大兵。自此，在不到十年内，尽数打败了所有与他对抗的武士势力。这只能说是"流人的奇迹"。

这个奇迹的背景,被认为是源氏一门与东国武士之间代代相传的主从关系。然而,与赖朝敌对的人中,有其乳母的儿子山内首藤经俊①,以及在前九年合战中为源赖义"殉死"的佐伯经范的子孙波多野氏等,他们正是代代相传的代表。而与河内源氏之间并无渊源的伊豆的武士则大多为赖朝助力。本领安堵②与新恩给与③,作为封建性的主从关系被熟知,其成立就是在源赖朝举兵成功之后。在赖朝以前,将领有的土地作为媒介而持续的主从关系还尚未成立。那么,赖朝胜利的背景是什么呢?我们不得不重新提起这个问题。

赖朝曾多次窥探到死的感觉:在平治之乱中得以九死一生;也差点在流放地伊豆被监视他的伊东祐亲杀害——当时被伊东的次子祐清所救;更是在举兵后随即发生的石桥山合战中败北,并在战场上被山内首藤经俊用箭射伤,藏身于岩洞中,在大庭景亲的搜索下艰难地逃出。这正是一次次地面临死亡之渊。

自不必说,多次面临的死的恐怖,使赖朝抱有极大的猜疑心。他的弟弟义经和范赖,以及甲斐源氏等源氏一门本

---

① 山内首藤,指领有山内庄的首藤氏。
② 本领,指武士拥有的祖辈传来的土地。镰仓时代至室町时代初期,将军对于效忠自己的武士,承认其领有父辈传下来的土地的政策。
③ 对于有战功的武士,给与新的土地。

源赖朝坐像

藏于甲斐善光寺的木像。作者不详。有"文保三年（1319）"之铭。近年研究中，将其视为有可能与本人的相貌相似的唯一的赖朝像。

来就是被怀疑的对象。赖朝对待担任上总介的广常，以及其他有权势的御家人，还有敌方的平氏一门毫无怜悯的态度，应当都是他猜疑心的产物。虽然如此，若仅仅强调赖朝的猜疑心，并不能解释为何他能受到如此多的东国武士的尊崇，并且成功地开创幕府。

另一方面，事实上直面了生死危机的赖朝，也在那些时候获救了。通过这些经历，赖朝应当能够区分想要毁灭自己的人和帮助自己的人。并且，他不仅仅是一味怀疑，而是选择值得信用的人，利用他们的能力，再从他们那里得到莫大的信任。可以考虑到赖朝应当是具有了这样的能力。若非如此，是绝不可能以一介流人的身份站在武士政权的顶点的。

在被视为冷酷的与以义经为首的同族的关系上,我们也不能单单通过赖朝个人的性格来考量,而是有必要结合当时赖朝的立场,特别是通过当时尚在幼年期而较弱小的幕府的存在形态,进行进一步的探讨。同时,在赖朝去世后,他的儿子赖家和实朝最终死于非命,源氏将军仅历经三代就灭亡了的背景,在《吾妻镜》中,也与赖朝对同族的冷酷被连带提及。另外,也有学者将其与赖朝的长女大姬未能成功入宫等赖朝晚年的失败进行关联考虑。自不必说,这个问题同样应当结合赖朝所构筑的权力的矛盾及其弱点来重新考虑。

特别是,以往的概论书籍,皆将以大姬的入宫工作为中心的对朝廷的介入行为作为赖朝的失政,将其视为赖朝的贵族性性格(身为贵族的一面)的产物。虽然近年来这种看法难得发生了变化,但是概说和评传都只是大致而简略地提及了这个问题,没有再深入。从赖朝贵族性的性格出发,认为在朴素的东国开创了新的政治的他,是被污浊不堪的公家政权①拖了后腿,这种看法难道不是依然根深蒂固吗?然而,试图介入朝廷的行为究竟能否被称为错误的政治呢?

近年来,学界愈加强调区分中世成立期的公家与武家,强调二者对立的声音也渐强。这可以说是固定观念带来的

————————————

① 指朝廷,由天皇掌权的政权,与源赖朝所开创的、由将军掌权的"武家政权(幕府)"相对。

陈旧历史观的复兴。这种固定观念认为，拘泥于仪式和迷信的愚蠢的公家，与身为开创新时代的英雄的武士是对立的；或者说身为剥削者的贵族与被剥削的武士之间存在阶级对立。我希望不被这种先入观束缚，并且重新审视赖朝与京都政权的关系。

　　本书将顺着以上的几个关注点，重新去探讨河内源氏的嫡支，同时也是镰仓幕府的创始者源赖朝的一生，以及他在政治上起到的作用。

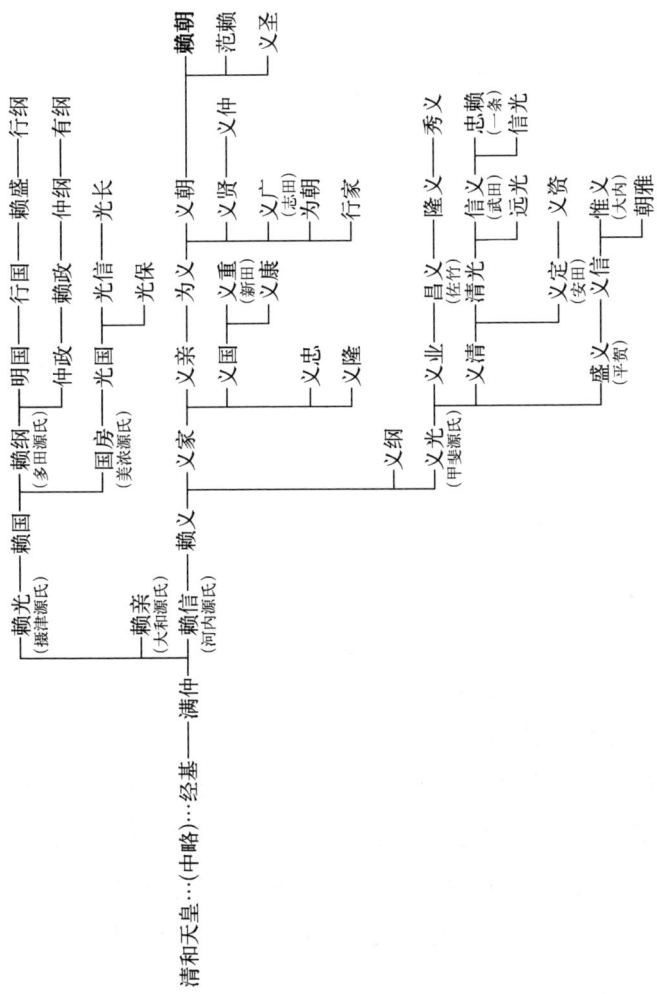

武门源氏谱系图

清和天皇…(中略)…经基——满仲

赖光（摄津源氏）——赖国——赖纲（多田源氏）——明国——行国——赖盛——行纲

仲政——赖政——仲纲——有纲

国房（美浓源氏）——光国——光信——光长／光保

赖亲（大和源氏）

赖信（河内源氏）——赖义——为义——义朝——**赖朝**——范赖／义圣

义家——义国——义贤——义仲

义重（新田）

义康——文仲

义广（志田 为朝）／行家

义忠

义隆

义纲

义光（甲斐源氏）——义业——昌义（佐竹）——隆义——秀义

义清——清光——信义（武田）——忠赖（一条）／信光

远光——义资

盛义（平贺）——义定（安田）——义信（大内）——惟义（大内）——朝雅

第一章　赖朝的登场
——河内源氏的兴衰

1　赖朝及其人际关系

生平概述

　　归根到底，赖朝的一生是怎样度过的呢？首先，让我们从简单地探寻他的生平开始。

　　赖朝出生于久安三年（1147）。当然，史书并无关于他出生的记录，出生年份是依据他去世的年份推及的。他的父亲是河内源氏的武将义朝，他有两位兄长——义平和朝长。他的母亲是热田大宫司①藤原季范的女儿，有人认为

———————————

① 指位于今爱知县名古屋市的热田神宫的长官。

其名"由良",但所据不明。由于赖朝母亲的关系,赖朝的出生地一直有在热田神宫一说,但赖朝的外祖父藤原季范一族作为院中近臣(家世属中级贵族,是天皇身边的朝内大官)活动,大概赖朝是出生在京都。

平治元年(1159),赖朝 13 岁。他跟随父亲义朝在平治之乱中取得首战胜利,但最终战败,父亲被杀,自己也在逃亡地尾张被捕。当时,赖朝作为已经成人的参战者本应被处决,但在平清盛的继母池禅尼的请求下死里逃生。次年,赖朝被流放至伊豆,最初受伊东祐亲、之后又受北条时政监视。

治承四年(1180)八月,赖朝举兵,并且在年内占领了南关东。寿永二年(1183)十月,赖朝被授予了东海、东山两道的军事、治安管理权。元历二年(1185),赖朝在坛之浦合战中灭亡了平氏。同年年末,与赖朝对立的义经举兵,义经没落后,赖朝在各地设置了"守护·地头"①。

文治五年(1189),赖朝向平泉藤原氏族人泰衡施压,令其杀害义经,最后又以藏匿义经为借口灭亡了平泉藤原氏。如此,赖朝将所有敌对的武士势力全部打倒。就这样,建久元年(1190),扫清了后顾之忧的赖朝,如本书开头所记载的一般,实现了被流放后的首次上京,与后白河院会面了。

---

① 地头,指管理公领和庄园的职位;守护,与地头配套设置的治安管理机构。

两年后的建久三年,后白河院去世后,赖朝就任征夷大将军,并于建久六年实现了第二次上京,出席了东大寺落庆①供养。这时赖朝正在为女儿大姬的入宫工作奔走,但是最终由于大姬去世而失败了。如此,期待着第三次上京却终未实现的赖朝,于建久十年正月十三日,在镰仓去世。

赖朝一族

关于传袭至赖朝之父源义朝的河内源氏一族的历史,详见后文。首先,我们来了解赖朝的兄弟及其母族。赖朝有两位兄长。长兄名义平,在平治之乱后被处刑。他出生于永治元年(1141),母亲被认为是相模国的在厅官人②(参照本书第二章第二节)三浦义明的女儿,但也有人说是妓女。平治之乱前,义平住在镰仓。赖朝的次兄朝长生于康治二年(1143),其母是相模的豪族——波多野义的女儿。朝长也在平治之乱中丧命。

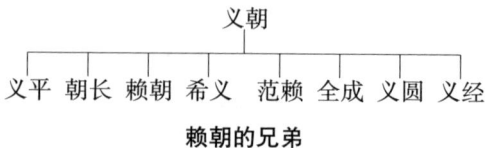

义朝

义平　朝长　赖朝　希义　范赖　全成　义圆　义经

赖朝的兄弟

---

① 庆祝建筑物修建或改建落成的仪式。
② 国司制度下,国的官员。

这两位兄长的母族——三浦氏与波多野氏两族皆是相模国的摄关家领有之地的庄官（庄园的管理者），分别管理三崎庄和波多野庄，对于河内源氏来说，是祖上就有联系的家族。他们都是义朝在少年去往东国之时诞生的孩子。与没有官职的义平相对，朝长跟随后白河的中宫（与皇后同等级的天皇的妻子）藤原忻子，为五位之官。波多野氏是在前九年合战（1051—1062）中战死的佐伯经范的子孙，因此他的家族代代官至五位，这也被认为是朝长获封较高官位的原因，他也有可能是义朝的嫡子。但是，在平治之乱中，赖朝被任命为右兵卫权佐这一要职，证明其实赖朝才是嫡子。

另，拥有五位以上位阶的人，能从朝廷得到各种特权，他们正是对"贵族"这一词本意的诠释。他们是武士，但又处于官阶五位以上的贵族地位，因此与一般的地方武士相区别，被称作"军事贵族"。

言归正传，与赖朝同母的有两人，分别是同在平治之乱中被发配的弟弟希义，以及成了藤原（一条）能保妻子的妹妹。赖朝的母亲育有三个子女，说明她与义朝琴瑟和鸣，也表明了她义朝正室的地位。

家谱集《尊卑分脉》中记载，赖朝在希义之下还有一个名叫义门的弟弟，但是对于他的事迹一概不明。此外，义朝的孩子中还有母亲是远江池田宿的妓女、在源平战争中活跃的范赖，以及众所周知的、母亲是九条院的女仆常叶（常盘）的三兄弟——全成、义圆、义经。

赖朝成为嫡子的背景是他母亲一族的身份地位。根据《尊卑分脉》，赖朝的母族藤原南家贞嗣一支代代官至四位，是仅仅比三位以上的公卿低一级的诸大夫层（即四位与五位的中层贵族）。但是，赖朝母亲的祖父是跟随尾张守的地方代官①，最初仅止步于目代②这一低等级官位。他在前往地方的过程中，与热田宫司家结成了姻亲关系，与热田宫司的女儿之间育有儿子季范。在此之后，他的后代才继承了热田宫司的职位。原本季范就达到了能够被称为中央贵族的从四位下的官阶，因此并非长居尾张，而是在京都活动。

季范的儿子范忠是后白河院北面③（院中近臣，其中武士逐渐增多），他的弟弟范雅也是后白河院的上北面（北面中拥有诸大夫身份者）。赖朝母亲的姐妹中，还有上西门院女房（女官）千秋尼，以及待贤门院女房大进局等。也就是说，赖朝母亲的兄弟姐妹都跟随待贤门院（鸟羽天皇的中宫，即藤原璋子），以及她的孩子后白河、上西门院。范忠是

---

① 代理主君管理地方事务的官员。
② 知行国主向知行国派出的代官。
③ 指在院御所的北面进行护卫的职位，白河上皇时设置。

```
              藤原镰足
                │
              不比等
    ┌──────────┼──────────┬──────────┐
武智麻吕(南家)  房前(北家)   宇合(式家)  麻吕(京家)
    │              ┊
巨势麻吕            ┊
    │
   贞嗣           (中略)
    ┊              ┊
  (中略)            ┊
    ┊            道长
   季兼
    │
   季范
    ┌─────┬─────┬─────┬─────┬─────┬─────┐
  范忠   范雅   祐范  千秋尼  大进局  女子─┬─源义朝
                                        │
                                      赖朝
```

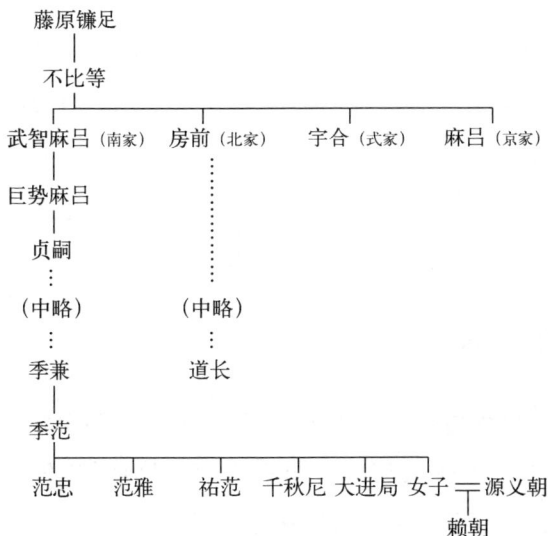

赖朝母族的系谱

后白河院的近臣,在平治之乱后,后白河院政①派与二条天皇派的对立中,曾两度受到处罚,正可谓后白河的腹心之臣。

待贤门院是左大臣藤原赖长(后文提及的忠实的次子)的妻子幸子的叔母。义朝与季范之女的婚姻,可能是义朝之父为赖长效力的结果。但是,在赖朝出生时,待贤门院已经去世了,其长子崇德天皇也已经退位,赖朝的母族已经不

---

① 院政,指天皇退位成为上皇之后,代天皇施政的政治形态。常见于平安时代末期至镰仓时代。

能给予义朝政治上的恩惠了。

然而,久寿二年(1155),后白河令人意外地即位,幸运突然降临到了义朝身上。义朝妻子的母家中,待贤门院亲信辈出,因而与后白河有渊源,致使义朝进一步与后白河乳母的外甥藤原信赖进行了政治上的联合。在此之后,这份人脉关系,奠定了赖朝嫡子的地位。

少年时的官职

赖朝的嫡子身份,也可从他年少时的官职中窥知一二。赖朝晋升为公卿之前的官职履历,被附加记载在《公卿补任》①元历二年(1185)项的"尾附"小字(记载晋升为公卿之人此前的任官履历的部分)中。这一年,赖朝由于攻打并灭亡了平氏,得以官至二位,晋升为公卿(三位以上的上流贵族)。

根据《公卿补任》的记载,保元三年(1158)二月三日,年仅12岁的赖朝就任了皇后宫权少进。皇后统子内亲王,即鸟羽天皇与待贤门院的皇女,也是后白河的同母姐姐。顺带一提,皇后宫的长官大夫是德大寺实定,副长官权大夫是藤原信赖。次年的正月二十九日,赖朝兼任了右近将监一

———————————

① 列举日本神武天皇时期至明治元年高官的职员录。

职。二月十三日,将统子封为女院①的诏书下达,统子称上西门院,赖朝也随之卸任皇后宫权少进,补任上西门院藏人。然而,三月一日,由于母亲去世而需要服丧,赖朝暂时离职。赖朝没能让母亲看到自己的成人礼。恐怕赖朝也想不到,此后过了还不到一年,他连父亲也失去了。

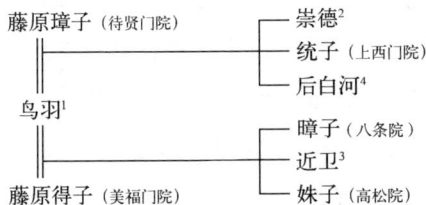

```
藤原璋子 (待贤门院) ─┬─── 崇德²
                    │     统子 (上西门院)
                    │     后白河⁴
      鸟羽¹ ─────────┤
                    │     暲子 (八条院)
                    │     近卫³
藤原得子 (美福门院) ─┴─── 姝子 (高松院)
```

鸟羽院的子女(数字表示皇位继承顺序)

　　如此侍奉着上西门院的赖朝,在六月二十八日,从女院的藏人转职为效力于二条天皇的六位的藏人。与在政治上有重要地位的五位的藏人不同,六位藏人,换句话说就是管理宫里杂事的职位。但是,对于在少年时期就被任为六位藏人的人来说,这个职位是飞黄腾达之前的踏板。摄津源氏,以及伊势平氏中,有很多人曾被任为六位藏人,但是,在河内源氏的嫡支中,赖朝还是第一个。

　　之后,在平治之乱中举行了成人礼、实现了首战告捷的赖朝,晋升为从五位下的官职,成功进入贵族的行列,并且

──────────────

① 封给太皇太后、皇太后、皇后的尊号,使其享受一定的待遇。

就任右兵卫权佐。虽然这只是右兵卫府的次官,且是名誉职位,但是根据解说了院政期间官职制度的《官职密抄》记载,这是四位的官员也会被任命的、彰显荣誉的职位。事实上,在赖朝以前,大国长官家族(历代都只任丰裕之国长官的家族)中,代表院中近臣的末茂一支(藤原四家中身份最高的北家的旁支)的藤原隆季、藤原家明,以及平清盛等,出身名门最终晋升公卿的人,很多都曾就任这个职位。

如此看来,赖朝成为河内源氏的嫡子之后,将来的显赫也得到了保证。但是,命运悄悄地发生了剧变。在平治之乱中,赖朝的父亲战败而死,赖朝被捕。虽然免于一死,但是他作为谋逆之人,在次年的永历元年(1160)三月被流放到伊豆。自此之后,赖朝开始了长达二十年的流人生活。

在下一节,我们将简单回顾平治之乱之前的河内源氏的历史。

2　源义朝之前的河内源氏

兵乱的镇压与内乱

自不必说,赖朝举兵成功的背景中少不了东国武士的支援。很多学者将这种支援理解为是自河内源氏先祖源赖信以来,河内源氏历代与东国武士之间培养的这种代代相传的主从关系的产物。确实,信赖在房总半岛平定了平忠常之乱,其子赖义在陆奥平定了前九年合战,之后赖义的儿子义家又在奥羽平定了后三年合战①。在此之间,赖义娶了桓武平氏贞盛一支的直系平直方的女儿为妻,可以说继承了镰仓的土地,以及桓武平氏在东国的名声。

清和天皇
⋮
(中略)
⋮
满仲
│
赖信
│
赖义
┌────────────────────────────┐
义家   义纲   义光
┌────────┬──────────┬──────┐
义亲   义国   义忠   为义   义隆
│   ┌────┐
为义   义重 义康
┌──────┐   ┌──────┬──────┬──────┐
义朝   义贤 义广 赖贤 为朝 行家
┌────┬────┬────┐   │
赖朝 范赖 全成 义经 义仲

河内源氏系谱简图

有学者认为,正是出于上述原因,赖义、义家等人组织了东国武士,成了镰仓幕府组建的前提,即"武家栋梁"②。但是,他们只不过是在边境地区的局部作战中获得了胜利,

---

① 也称前九年之役与后三年之役,合称奥州十二年合战。
② 指统率所有武士的军事贵族。

组织起来的也不过是少量武士而已。详细论述见笔者前作《河内源氏》。再加上，当时赐予他们的奖赏是朝廷推举他们任官，或推荐他们做庄官，都不过是仅限于一代的赏赐。由于不可能像赖朝一样，将败者领有的土地作为新恩给与进行赏赐，让他们代代拥有，因此也不可能缔结代代相传的主从关系。河内源氏历代都是通过镇压内乱获得功绩，以期晋升官位，并且在地方武士与院或摄关家（中世时期有力的政治势力）之间充当沟通的媒介，作为寄进庄园①的中介。

通过镇压东国、奥羽的兵乱，河内源氏一度成为最有势力的武士，但是从义家之时起，发生的内乱和丑闻等，又使其逐渐没落。后三年合战被朝廷认定为私战，义家不被赏识，此时他的弟弟义纲的势力兴起，二者形成了激烈的对抗。宽治五年（1091），由于义家与义纲的郎从发生了冲突，京都中有传二者要起兵祸的丑闻。这时朝廷向五畿七道②下宣旨（传达天皇命令的一种文书），禁止义家的部队入京，这也限制了在全国范围内作为国长官郎从或庄官的义家追随者的行动。

义纲一时间拥有了凌驾于义家之上的势力，但由于所

---

① 指地方武士将土地托付给中央贵族庇护。
② 泛指全国范围。五畿指首都周边的畿内五国，除此之外的其他地区被划分为七道，是模仿中国唐代行政区划的划分方法。

追随的关白藤原师通的突然去世也失势了。与此相对,义家又作为白河院殿上人(被准许进入殿上间的贵族,院中近臣)再度得势。但是,义家的嫡子义亲由于在对马引起了纷争而被发配,再加上家族内爆发的内乱,义家最终在郁郁中去世。义家去世后的嘉承三年,义亲在出云组织反乱,被平正盛(平清盛的祖父)讨伐。如此,武士第一人的宝座由河内源氏转向了伊势平氏。

次年,代替义亲成为义家后继者的义忠被暗杀,被怀疑与此事有联系的义纲一族被灭族。之后,义亲的儿子、14岁的为义被过继给义家,作为义家的养子(实际上也是义家的亲生儿子)①继承了河内源氏。但是为义年少,不能完全控制手下的臣子,导致自身不断陷入丑闻之中。如此一来,为义甚至无法获得从五位下的官位,他的官职停留在检非违使(京都负责治安管理和案件审判的职位),甚至没有达到在诸国任长官的地位。

在这样的情况下,为义选择追随藤原忠实。藤原忠实扩大了庄园的土地,实现了摄关家作为中世贵族的再次崛起。为义和他的孩子们以忠实和忠实继任者赖长的家臣的身份,支撑着摄关家的家业。赖朝的父亲义朝虽然也在少

---

① 关于为义的身世,有两种说法。一种是,为义是义亲的儿子、义家的孙子;本书采用的第二种说法,认为为义本身就是义家的儿子,由自己的哥哥抚养长大。

```
藤原道长
  │
 赖通
  │
 师实
  │
 忠实
  ├──────────────┐
 忠通           赖长
  ├──────────────┬──────────────┬──────┐
基实 (近卫)    基房 (松殿)   兼实 (九条)  慈圆
  │              │              │
基通           师家           良经
  │                            │
家实                          道家
```

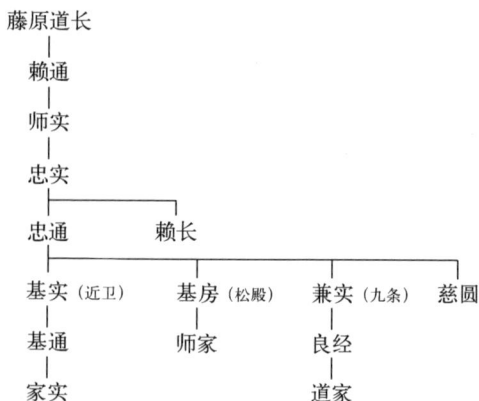

摄关家系谱简图

年时就前往东国,但是接应他的豪族是担任摄关家领有土地庄官的三浦、波多野、上总介诸氏族,可以说他的出任受到摄关家的支援。但是,与没有官身就前往东国的义朝相对,他的弟弟义贤则在京都担任东宫带刀先生(皇太子的护卫)的要职。义朝嫡子身份被废除了。义朝和义贤的矛盾,与摄关家和院、院中近臣之间的对立相关联,最终义朝和鸟羽院的近臣一同,在保元之乱中招致了源氏一族的分裂。

河内源氏与东国

存在与河内源氏有紧密联系的东国武士,这一点是不争的事实。其中包括代代都有女性担任河内源氏乳母的山内首藤氏,自信赖以来就与河内源氏保持主从关系的三浦氏,义朝的妻子(朝长的母亲)一族、赖义的心腹佐伯经范的子孙波多野氏,还有对赖朝扬言"三代之内,于公于私都不会对你行下马之礼"的上总介广常(据《吾妻镜》[1]治承五年六月十九日条)所属的上总介氏。有像上述几个家族一样,和河内源氏有代代相传的主从关系的豪族存在。

但是,如前文所叙述的那样,山内首藤经俊是赖朝的乳母子(乳母的亲生儿子),却在赖朝举兵时拒绝参战,并且在石桥山攻击了赖朝;波多野义常也同样拒绝参与赖朝的举兵,最终被灭亡。这些与河内源氏有紧密联系的家族,并没有帮助赖朝举兵。

除此之外,在上述几个豪族中,三浦、波多野、上总介三族分别是相模国三崎庄、相模国多野庄、上总国菅生庄的庄官。即使他们在河内源氏的推举下成为庄官,接受了这份恩惠,但由于河内源氏跟随摄关家,因此也可以说和这些豪族之间的主从关系是以摄关家为媒介而代代继承的。

鸟羽院政时期,赖朝的父亲,20 岁左右的青年义朝离京去往东国。当时,义朝被称为"字上总曹司"[2],前往上总

---

① 镰仓幕府官方编纂的编年体史书。
② 义朝的异名是上总御曹司。

介氏之处。之后的天养元年（1144），义朝在处于三浦氏支配下的镰仓建宅。义朝与三浦义明的女儿所生的儿子是他的第一子，名义平，生于永治元年（1141）。其后，波多野远义的女儿为他产下第二子，其名朝长。当时义朝的父亲为义是摄关家大殿（曾任摄关的摄关家家长的尊称）忠实的家臣，从这一点来考量的话，义朝能这样在坂东活动，无疑是受到了为义和摄关家的支援。即使义朝不再是嫡子，也不代表他与家族断绝了关系，因此他肯定受到了为义以及为义背后的摄关家的支援。

　　义朝在东国时牵扯到了两个事件。康治二年（1143），义朝介入了围绕下总国的相马御厨的纷争，赶走了企图夺取御厨（伊势神宫领有的庄园）的下总守藤原亲通，并且调停了上总介常澄（广常的父亲）与千叶常重（常胤的父亲）之间的对立。次年的天养元年（1144），义朝与在厅官人三浦氏、中村氏联合，闯入大庭御厨，对住民施加暴行，并且抢夺作物。义朝在第一个事件中赶走了国的长官，在第二个事件中，其暴行被国长官藤原赖宪感叹为"不能进止（像推测的一样无法制止）"。这两件事能够发生，可知义朝背后是与鸟羽院关系紧密的摄关家大殿藤原忠实。

　　然而，前往东国就意味着嫡子身份被废，因此义朝对父亲及背后的摄关家进行了反抗。不久后，相模国成了美福

白河¹

堀河²

鸟羽³

崇德⁴　　　后白河⁶　　　近卫⁵

重仁　　二条⁷　以仁　　高仓⁹

　　　六条⁸　北陆宫　安德¹⁰　后鸟羽¹¹

　　　　　　　　土御门¹²　顺德¹³

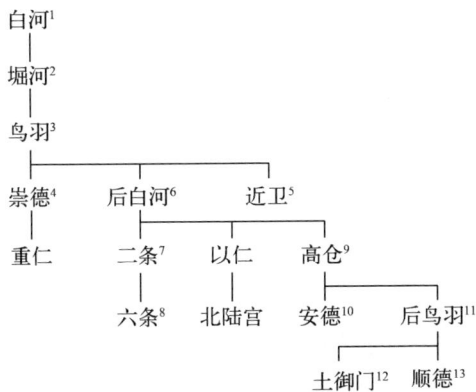

皇家系谱简图（数字表示皇位继承顺序）

门院（即藤原得子）的知行国①（贵族被赋予的、拥有得到该
国收益的权力的国）。美福门院正是鸟羽院的宠后、当时的
近卫天皇的生母，出身于与摄关家之间激烈地相互仇视的
院中近臣之家。如此一来，义朝通过寄进庄园向美福门院，
继而向鸟羽院靠近。

　　义朝活动的效果立竿见影。仁平三年（1153），义朝得
从五位下官位，就任下野守，足以蔑视常年担任检非违使、
无法出任国长官的父亲。这件事不可能不刺激到义朝的父
亲为义，以及义朝的弟弟们。义朝的弟弟义贤由于失策丢

----

① 采邑，国主可获得该国的税收等，不等于国的长官。国长官一般由国主推
　荐族人或近臣担任，管理国的实际事务的则是另设于当地的目代。

掉了在中央的官职,为了对抗义朝,同样在仁平三年出京前往上野国。与在中央政界中摄关家和院中近臣的对立相关联,河内源氏内部的对立也愈发严重。

之后的久寿二年(1155)八月,在武藏国活动的义贤,在他的据点大藏馆被义朝的长子义平讨伐。义平代替已经转而在京都活动的父亲,以镰仓为据点活动。当时的武藏守藤原信赖默认了兵乱的爆发,甚至可以说是教唆了合战。从这场大藏合战的背景中,可以窥知义朝与信赖的合作关系。这是将京都的政界一分为二的保元之乱爆发前一年的事情。

源义朝与保元之乱

久寿二年(1155)七月,鸟羽院与美福门院所生的皇子、年仅 17 岁的近卫天皇夭折了。继承皇位的是一位令人出乎意料的人物。他不是被当作最有力王位候补的王家(天皇家)嫡支崇德天皇的皇子重仁,而是美福门院的养子守仁(之后的二条天皇)的生父雅仁。雅仁的继位是以之后传位于守仁为前提的。雅仁,即后白河天皇。不可能再展开院政的崇德院实际上失势了。此外,被谣传曾经诅咒近卫天皇的左大臣赖长和他的父亲忠实,果然也失势了。

不管是崇德还是后白河,都是待贤门院的皇子,而义朝妻子的母家热田宫司家族则是待贤门院的近臣。但是,重仁的失势对义朝来说其实是一个很大的机会。重仁的乳母是池禅尼，她的丈夫平忠盛虽然已经去世，但是她的儿子赖盛仍然在保护重仁。若重仁成功继位，赖盛的异母兄长清盛的立场就会变得微妙，但无论如何伊势平氏的政治地位应当会进一步上升。重仁的失势给伊势平氏一族带来了很大的打击，也成了义朝崛起的一个原因。

不单单是这样，义朝通过后白河，也与自己乳母的外甥——武藏守藤原信赖联合了。后白河践祚（皇位的继承）之后随之到来的八月里，如前文所述，在武藏国的义平受义朝的暗示，攻击摄关家核心赖长的近臣义贤并将其消灭一事，也是受到皇位更迭影响的产物。同样，藤原季范的女儿所生的儿子赖朝，在家族内的地位也获得了显著的上升。

次年的保元元年（1156），从五月左右开始鸟羽院病重，政情转向不安定。如此，关白藤原忠通（忠实的长子）、信西（藤原通宪）等人快速开始了武士动员。六月一日开始，义朝与同门的义康（足立氏的先祖）一同在后白河天皇所居住的御殿护卫。《保元物语》中记载，诸国的武士也受到了动员，义朝的手下，以武藏、信浓为首，东国各地也有很多武士参战。他们中的大多数，应当是受到了以武藤守藤原信赖为首的国长官进行的官府层面的动员。

由于池禅尼是重仁的乳母，伊势平氏受到了戒备，从清盛起的族人都没有被召集参加鸟羽院的葬礼。池禅尼命令赖盛与清盛保持行动一致,避免了同族内的大规模分裂(据《愚管抄》)。七月五日,清盛的儿子基盛作为检非违使加入了后白河阵营(据《兵范记》①)。自此,伊势平氏一族旗帜鲜明地选定了支持对象。创造了万全形式的后白河阵营,逐渐向左大臣赖长施压,将他逼迫到了不得不举兵的境地。

崇德与赖长阵营的中心是义朝的父亲为义,以及义朝的弟弟赖贤、为朝等河内源氏族人。他们是摄关家家产机构②的中心,自然会作为摄关家阵营参战。另一方面,与在后白河阵营中展现消极应战姿态的清盛相对的,义朝成了合战的主力。在义朝的献策下,采取了夜袭、放火等战术,因而合战在短时间内以后白河阵营胜利的结果结束了。

河内源氏中初次被允许升殿③的义朝,不但被允许进入天皇居所清凉殿的殿上之间,还被任命了左马头④这一要职。左马头原本只能任命给四位以上的官员,且实际上是院中近臣的中心末茂一支一直世袭的官职,因此被任命

---

① 平安时代末期至镰仓时代初期的公卿平信范的日记。
② 家产制下,支配者的土地和权力都是他的家产。本文中指河内源氏类似于摄关家的家兵。
③ 被允许进入设置在南厢的殿上之间,称为升殿。原则上公卿都可以升殿,四位以下的官员升殿则需要特许。
④ 管理各国牧场的官员。后文提及的马寮是管理各国牧场的机构,其长官称马头。

为左马头的义朝事实上得到了可以被称为末茂一支家产的左马寮。就这样,从赏赐的层面看,义朝受到了破格的待遇。保元之乱后,虽然义朝处决了成为谋逆者的同族,将父亲为义斩首,因而受到了道义上的谴责(据《愚管抄》),但是亲自处决同族中的谋反者本是自然而然的事情。从结果来看,义朝平定了河内源氏内部的纷争,作为嫡支确定了稳固的地位。

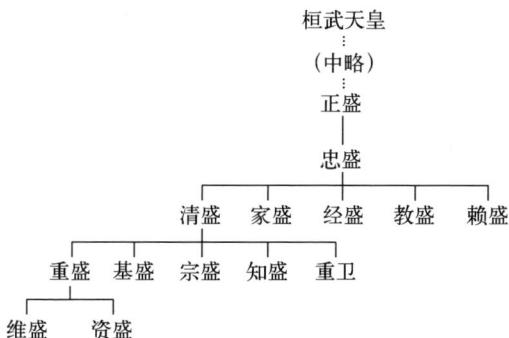

桓武天皇
⋮
(中略)
⋮
正盛

忠盛

清盛　家盛　经盛　教盛　赖盛

重盛　基盛　宗盛　知盛　重卫

维盛　资盛

伊势平氏系谱简图

义朝的胜利当然离不开在东国动员的大量武士,但是使他的胜利成为可能的最主要原因,正是和武藏守信赖的联合。保元之乱后,由于率兵平乱有功得到了后白河的圣宠,政治地位大幅提高的信赖与义朝的联合更加稳固了。

3　平治之乱的悲剧

平治之乱的背景

　　平治元年（1159）爆发的平治之乱，在很大程度上改变了赖朝的命运。保元之乱后，掌握了政治主导权的人物是信西。在与美福门院交涉后，后白河天皇禅位给了二条天皇，并且命令各国的长官重修皇居与宫城。后白河巧妙的手段中体现了他作为施政者的实力。此外，藤原信赖的身份也在信西的执政中大幅度提升。

　　藤原信赖在保元之乱爆发的保元元年（1156）仅是从四位下的武藏守，不过是一介地方长官，但是次年就任藏人头，保元三年成功晋升为公卿，一口气达到了正三位的高度，就任权中纳言。并且，藤原信赖还进一步就任了后白河院的御厩别当，这个职位意味着院的亲卫队长的地位，大致相当于成了京都武士中势力最大的人，在鸟羽院政时期处于这个位置上的人是平忠盛、清盛父子。现在，虽然通过重仁而与故崇德天皇接近的伊势平氏一族也有需要避讳的一面，但是实际上从武力层面来说，后白河显然更加重视信赖的实力吧。

　　信赖安排儿子信亲迎娶了平清盛的女儿，又迎平泉藤原氏的秀衡作为自己哥哥基成的女婿，就这样缔结了各种姻亲关系。信赖还利用知行国武藏、陆奥将义朝纳入麾下。义朝在武藏获得家臣，在陆奥购入武器，从而和信赖缔结了紧密的政治联合。可以说信赖正是统合了所有武士的人（参看拙作《再探保元、平治之乱》）。

终于，信赖将关白藤原基实迎为妹婿。摄关家在保元之乱中失去了源为义及其手下这一核心兵力，这次联姻也意味着信赖成了摄关家的军事基础。信赖处于院以及摄关家的军事保护者这一立场，促使他就任了后白河的御厩别当，正如在之后的长宽二年（1164）成为摄政基实之岳父的平清盛一般。信赖作为统合武士之人，凭借自己的军事力量将院和摄关家都置于保护之下，而信西则是以后白河院政为基础主导政治。信赖取得了能够与信西对抗的地位。

义朝与信赖联合，在保元之乱后担当下野守的重任，次年官位晋升至正五位下。同时义朝的孩子们也升官了，如前文说述，三男赖朝从上西门院藏人转职为六位藏人，次男朝长也就任二条天皇的中宫——姝子内亲王的中宫权少进，获从五位下的大夫进爵位。姝子内亲王是鸟羽院与美福门院所生的皇女、近卫天皇的同母妹妹，于保元四年（1159）二月成为中宫，之后又成为女院，称高松院。对于身为美福门院养子的二条天皇来说，与姝子的婚姻也有支撑其正统性的一面。

　　由此观之,义朝是将自己的儿子送进了后白河与二条两方的关系之中。顺带一提,妹子的中宫权大夫正是信赖。信赖与义朝一样,在接近后白河的同时也接近了二条天皇。在当时的政界,逐渐萌生出了两种势力。其一是推动真正的帝王二条天皇亲政的势力,其二是支持可以说只是过渡帝王的、已经成为太上皇的后白河院政的势力。

　　信西也好,信赖也罢,二者原本都是后白河院政的支持派,但是通过将关白置于自己的保护下从而变得似乎能够左右天皇的信赖,渐渐转向了二条天皇亲政派。察觉到这件事的信西将信赖比作安禄山(背叛了唐玄宗的宠臣),向后白河说明了此事的危险性(据《玉叶》①建久二年十一月五日条)。但是,后白河没有听取他的意见。当时是平治元年(1159)的十一月。不到一个月后,平治之乱爆发了。

　　将获得首战大捷的赖朝推入绝望深渊的平治之乱拉开了帷幕。

信赖与义朝的举兵

　　平治元年(1159)十二月九日,藤原信赖与源义朝率领的军队闪电袭击了后白河院的居所三条殿。虽然信西已经提前出逃,但是在逃亡目的地山城国田原庄被逼自杀,被施

---

① 平安时代末期的关白兼太政大臣九条兼实的日记。

枭首之刑,他的儿子们也逃不过被流放的命运。后白河被幽禁于皇居中被称为"一本御书所"的书库里。院政实施的场所——后白河院的居所,以及支撑院政的信西一族都被攻下,院政被迫停止。

信赖与义朝举兵的契机,是平清盛出发去熊野参拜,离开了京都。就在之前,信西的三男藤原成宪(平治之乱后改名成范)与平清盛的女儿之间有婚约。而婚约暗示了信西有联合清盛的兵力的可能性,因此引来了武力原本凌驾于信西之上的信赖的怀疑,这可能也是他急忙发动反乱的原因之一。原本信赖的儿子信亲娶了清盛的女儿为妻,通过这门亲事,信赖可以将清盛认为是自己的盟友,但是清盛与信西关系的拉近大概很大程度上动摇了当时的形势。

慈圆(摄关家出身的僧人,后文所见九条兼实的弟弟)所著的史书《愚管抄》记载,义朝由于提议与信西结亲,却被信西拒绝,因而怀恨在心,继而举兵谋反。但是,信西的长子将会成为公卿,而义朝本人都只不过是五位的地方长官,两者的家世未免差距太大。而且,义朝真正想要迎作女婿的是宪,虽然在保元三年(1158)才担任信浓守,但他的母亲是高阶重仲的女儿——她的孩子基本都成了学者或者官僚。因此正如信西所说,武士之间无法相容。

顺带一提,对于已经是大宰大贰(官职上是大宰府的次官,事实上的长官)、距离公卿只有一步的清盛来说,他想迎为女婿的是藤原成宪。成宪与清盛的家世差距小，他的母亲藤原朝子还是后白河的乳母，他的兄弟也与武士之间关系密切，还成了地方长官。与成宪同清盛之间成功缔结姻亲关系相对，清盛拒绝义朝的提议也是自然而然的，义朝不可能愚钝到连这一点都无法理解，很难盲目采信《愚管抄》的说法，将清盛拒绝义朝作为举兵的原因。

根据《保元物语》的记载，义朝在是宪担当国守的信浓动员了很多武士。出于这个原因对信浓很上心的义朝，可能向同样是后白河近臣的信西请求与是宪联姻。但是与是宪的联姻被拒绝了，所以之后义朝继续了和信赖的联合关系。

然而，慈圆却将举兵的原因归于义朝因联姻被拒而对信西怀恨在心，认为举兵是出于义朝的个人意图。令人无话可说的是，这种像童话故事一样的理解，以及无论如何都不应该认同的、慈圆以对信赖和义朝之间同盟关系的错误估计为论据所得出的谬论还很流行。笔者不得不痛感，将武士与贵族作为对立阶级这一陈旧观念的诅咒之强大。

总之，信赖与义朝抓住了清盛去熊野参拜这一千古难遇的良机，快速发动了反乱，顺利杀害了信西，停止了后白河院政，并且确立了二条天皇的亲政。信赖在二条天皇的座下举行了除目（任命官员的会议），将义朝任命为地方长官中权力最大的播磨守，将13岁就实现了首战大捷的赖朝任命为前文提及过的右兵卫权佐。义朝就任的播磨守是从信西的儿子藤原成宪那里夺得的职位，因此这并不是对保元之乱后曾经就任过这个官位的清盛的对抗。

父亲义朝战败而死

政变的成功，离不开同信赖结盟的义朝的兵力。但是，这种仅仅是突发性密谋的举兵，并没有像保元之乱一样在地方长官的助力下动员各国武士。义朝的势力基础在东国，他手下军队的实力是有限的。可以说政变很大程度上依赖那些势力在京都周边的军事贵族——摄津源氏的源赖政、美浓源氏的光保、坂户源氏的季实、源满政一支的重成等。

与此相对，清盛在纪伊国的二川宿接到了平治之乱急报后，不但得到了当地的汤浅宗重、熊野别当（熊野三山——本宫、速玉、那智的统领）的支持，还从位于京都附近的伊贺、伊势等平氏据点召集了大量家臣。如此一来，清盛在可以说有数百人之多的武士的簇拥下，从熊野顺利返京。虽然慈圆认为应当讨伐平氏，但是信赖与义朝没有动手。一方面，凭借着儿子是清盛的女婿这一姻亲关系，信赖确信清盛返京后能够在政治上支持自己。另一方面，即使是对清盛怀有警戒之心的义朝，也由于兵力不足而无法行动。

随着清盛的返京，形势发生了翻天覆地的变化。曾经抱着打倒信西这一目的与信赖勾结的二条天皇亲政派,即二条天皇的舅舅藤原经宗、二条近臣中的有能者藤原惟方等人,转而与清盛联手,千方百计地将二条天皇从皇居送到了清盛位于六波罗的宅邸。另外,被不加监视地安置在书库"一本御书所"的后白河,也从惟方处听说了天皇要去往六波罗的计划,趁机出逃。后白河若留在皇居,则会被信赖与义朝一方利用,就如在保元之乱中失败、被流放到赞岐的崇德天皇一般。这样一来,后白河避免了步崇德的后尘。

就这样,拥护二条天皇的清盛成了代表官府的军队,而被孤立的信赖与义朝一落成为了乱臣贼子。在这样的形势下,源赖政、源光保之类的军事贵族,也背叛了义朝。原本就兵力不足的信赖与义朝军队被进一步削弱,企图置之死地而后生在六波罗开展的决战也惨败。义朝带着儿子们和少数郎从向东国逃亡,企图东山再起。义朝的想法是谋反者的立场,他的作为是在被攻打时企图自救的行为。

与义朝相对,藤原信赖等人依托后白河,投降了。但是,信赖依然是用血污染了神圣不可侵犯的左京的战役的首谋,他将谋反付诸武力,有作为武士的一面,因而等待他的只能是敌方将领平清盛的斩首。

向东国逃亡的义朝所面临的命运也是非常残酷的。义朝遭遇了延历寺恶僧对逃亡者的追捕,他的叔父义隆被讨伐,其间他的次子朝长负伤,不久后去世了。义朝在近江与赖朝走散,又与想要独自召集部队的长子义平分别,之后以"徒跣(赤足徒步)"的狼狈姿态托身于尾张国内海的领主长田忠致。长田忠致既是义朝的乳母子镰田正家的岳父,也是义朝的家臣。但是,义朝却在浴室中被长田忠致谋杀,享年38岁。义平在父亲去世后,托身于丹波的须知氏,潜伏于京城,企图暗杀清盛,但是也在被捕后被杀害。

在近江与大部队走散的赖朝甚至不知道父兄去世的消息,依然向东国前进。然而,随后他也被平氏方抓住,带往六波罗。赖朝的生死已经被清盛掌握在手中。

第二章　流放地的日夜

——赖朝举兵的背景

1　流人赖朝

赖朝的流放

逃亡途中的源赖朝，在行至近江国时与义朝一行走散了。如果赖朝仍与大部队同行，可能会与父亲一样被长田忠致杀害吧。所以从结果来看，他是幸运的。赖朝在近江，以及美浓的青墓（现岐阜县大垣市）等地被保护起来，其后独自向着东国前进。然而，赖朝在尾张国被该国的长官、平赖盛的家臣平宗清所擒，带往京都。

按照武士社会的习惯，抓捕成年男性战士后，哪怕出于防止报复的考虑，自然要将其处以死刑。在保元之乱中尚是少年的义朝的弟弟们也没有逃过死刑。因而虽说赖朝仅有 13 岁，但是他已经举行过成年礼，且获得了首战大捷，等待他的原本当是被斩首的命运。但是，众所周知，出于平清盛的继母、赖盛的亲生母亲池禅尼的请求，赖朝得以死里逃生。

据《平治物语》记载，池禅尼认为赖朝的长相肖似自己在久安五年(1149)夭折的儿子家盛，因而向清盛请求留赖朝一命。池禅尼作为平忠盛的正妻一直支持着他，在忠盛死后成了未亡人，她发言的力度相当于一族的家长。另外，杉桥隆夫认为，由于是池禅尼的儿子、尾张守赖盛抓住了赖朝，因此她对赖朝的处分应当很有发言权。上述原因无疑帮助了赖朝死里逃生。

然而，池禅尼虽然出身于公家，当时却是武家的女性，她敢于打破武家原则的原因值得探究。关于这个问题，据角田文卫(在所著《池禅尼》中)推论，是赖朝母亲的弟弟、在赖朝被流放时积极施以援手的园城寺僧人祐范，以及祐范的姐妹、上西门院的女官千秋尼等人通过赖朝曾经任职其藏人的上西门院，向池禅尼施加了压力。

池禅尼在担任上西门院同母兄长崇德上皇之子重仁亲王的乳母时，恰逢保元之乱，她让自己的儿子赖盛在后白河的阵营中参战，对于背叛崇德天皇一事有愧。这也是她答

应上西门院要求的原因。角田氏还进一步推测,清盛也认
为此时正是向后白河院的亲姐姐上西门院施恩的机会,因
而答应放赖朝一命。我们应当认同上述推测。

　　由此一来,赖朝被判为流放至自古以来的流放地——
被视为远流①之国的伊豆。赖朝免于一死,他的弟弟们也
得以存命。赖朝的同母弟希义被流放到了土佐,而义朝与
常叶所生的三个尚年少的儿子,则以出家为前提,被送进了
寺庙。今若入了醍醐寺,乙若入了园城寺,而刚出生没多久
的牛若则入了鞍马寺。他们成人后的名字分别是全成、元
成和义经。

　　义朝的儿子中还有一人,即之后的范赖。范赖的出生
年不明,但可知他是赖朝的弟弟,今若等人的兄长。他的母
亲当是远江的池田宿的妓女,他在年幼时由当时的院中近
臣藤原(高仓)范季养育(据《玉叶》元历元年九月三日条),
但平治之乱结束时不知其所在。总之,义朝一支已经分崩
离析。大概当时的清盛也难以想象,20年后赖朝和他的弟
弟们会做出的打倒平氏等事。

　　平治二年(1160)改元永历,永历元年三月十一日,赖朝
出京前往伊豆。同一天,平治之乱的涉事罪人权大纳言藤
原经宗、中纳言源师仲、检非违使别当藤原惟方,以及赖朝

_____

① 流放刑的一种,还有近流、中流。是对中国"流三千里"制度的继承。

的弟弟义希，也各自踏上了流放的旅途。我们虽然不清楚赖朝在被流放前是否有见到义希，但从此之后二人再也没有相见。护送赖朝的领送使是"友忠"（据《清獬眼抄》①），随行人员只有赖朝的舅舅僧人祐范的郎从、因幡国的豪族高庭介资经的亲族资家（据《吾妻镜》寿永三年三月十日条）。

流放地伊豆

赖朝的被流放地伊豆国，自古以来就是流放地之一，平安前期时，被视为应天门之变首谋的大纳言伴善男就被流放到那里。更近的还有在保元之乱中因父亲藤原赖长的罪行而受到连坐的隆长、围绕神护寺建造对后白河出言不敬的文觉，以及之后在赖朝举兵之初被讨伐的平（山木）兼隆也被发配到了伊豆。

永历元年（1160）当时，任长官的是桓武平氏高栋王支（公家平氏）的平义范，但是在仁安二年（1167）以前，摄津源氏赖政的长子仲纲便已就任伊豆守。虽然之后伊豆守的职位一度由中原宗家担任，但是承安二年（1172）伊豆成了赖政的知行国（据《玉叶》七月九日条），因而仲纲重新上任，而由赖政担任知行国主（有权得到一国的所有收益，并能推举

---

① 镰仓时代前期的法制书籍，作者不明。

国守）。再八年后的治承四年(1180)，赖政与仲纲一同参与了以仁王举兵，败死。再之后就是赖朝的举兵了。赖朝在伊豆的 20 年中，有相当长的时间是在赖政与仲纲的统治下的。

虽然赖朝的流放地——伊豆国蛭小岛（现静冈县伊豆之国市）广为人知，但是当地是属于北条氏支配的领域，赖朝是否从被流放开始就住在那里则尚不清楚。坂井孝一所著《流人时代的源赖朝》认为，最初负责监视赖朝的是那个被曾我兄弟视为仇敌的工藤祐经的父亲祐继，赖朝的流放地也应当是祐继担任长官的伊东。祐继有在京都任官的经验，应当在京都也有人脉。但是，他在不久之后，43 岁时去世了，其后赖朝转而受祐继的异母弟弟伊东祐亲的监视。祐亲让自己的侄子祐经上京，趁其不在夺取了祐经的长官职位和妻子。为此，怀恨在心的祐经杀害了祐亲的儿子河津祐泰。大家都知道的是，该事件引起了不久后祐泰的遗孤曾我兄弟的复仇（参见本书第 258—260 页）。赖朝亲眼目睹了这赤裸裸的手刃仇人的武士世界。

据《曾我物语》①记载，赖朝在祐亲上京时，与其第三女生育了一个儿子，但是这个孩子被祐亲杀害，祐亲还将自己

① 记载镰仓时代初期发生的曾我兄弟复仇事件的故事。作者不详，有多个版本。

的三女儿嫁给了别的武士。另外，安元元年(1175)九月，赖朝自己也遭遇了差点被杀害的危机。但是，赖朝被祐亲的次子祐清(九郎)所救，逃往北条氏处(据《吾妻镜》养和二年二月十五日条)。以在京都皇居担当护卫的大番役的身份上京的祐亲，在京都直面了清盛和平氏一族的威势，他恐怕对于保护赖朝一事感到了危机。

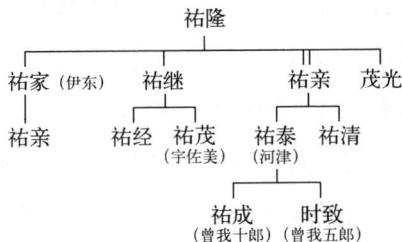

工藤氏系谱简图

如上文所述，在有势力的平氏家臣伊东祐亲治下的生活，对赖朝来说就是与危险为邻。逃亡北条氏之处后，赖朝受到了北条时政的保护，并与其女政子结婚。赖朝开始在现在的蛭小岛附近居住，应当是在那个时候。

赖朝的支持者

赖朝作为流人的那段时间，有时会直面危险，但是他的生活可以说还是相对自由的，在他身边有不少支持者存在。通过野口实著《流人的四周》(收录于《中世东国武士团研究》)中的详细分析,我们来看看这些支持者的身份。

　　首先我们要说到的是赖朝的乳母,以及与其有关系的人们。乳母和丈夫(也可称之为乳母夫、乳父)一起,从贵人幼年时开始就在他身边担当养育、保护的职责。就凭这一点,乳母,包括其家族,都与贵人之间有紧密的联系。

　　赖朝的乳母中,起到最大作用的是比企尼。比企尼出身不明,但是据记载,她与在武藏国比企郡(今埼玉县)通过"请所①"做代官的丈夫比企掃部允一同出京,直到赖朝举兵的20年间都一直支持着他(《吾妻镜》寿永元年十月十七日条)。大概他们是同意向比企郡上交年贡,从而成了当地的管理者吧。比企尼让自己的养子能员(应当是她的侄子)跟随赖朝,她的女儿与赖朝生下了二代将军赖家,比企尼一族成了外戚。另外,比企尼还将各地有权力的武士安达盛长、河越重赖、伊东祐清等招为女婿,命他们支持赖朝。

　　上述的几位武士中,安达盛长是武藏国的武士,在赖朝举兵时作为他的心腹支持着他。盛长的女儿成了赖朝弟弟范赖的妻子。另外,也在平治之乱中参战的右马允足利远元是盛长的侄子,他的女儿后来成了后白河天皇的心腹藤原光能的妻子,因此盛长应当是通过后白河的关系支持着

―――――――――

① 平安时代末期至室町时代,庄官或庄民通过向庄园领主上交年贡,获得土地管理权的制度。

```
                              源赖家
              ┌── 能员 ── 若狭局
              │                 源范赖
              │    安达盛长       │
              │       │          └── 女子
              │       ││
 比企扫部允    ├── 丹后内侍
     ││       │                 源义经
     ││       │    河越重赖       │
 比企尼        ┤       │          └── 乡御前
              │       ││
              ├── 女子
              │    伊东祐清
              │       │
              │       ││
              │── 女子
              │       │           朝雅
              │       ││          │
              └── 平贺义信
```

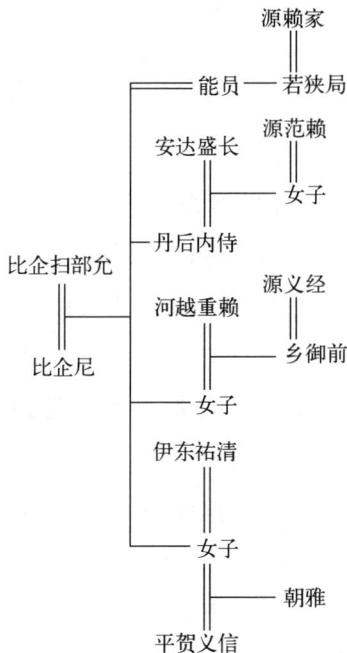

比企尼的姻亲关系

赖朝。河越重赖在赖朝举兵之初,其实属于平氏阵营,且攻击了源赖朝阵营的三浦义明,但是之后却成了赖朝身边的得势家臣,他的女儿成了赖朝另一个弟弟义经的妻子。祐清则是如前文所述,向赖朝通报了祐亲的谋划,成功救赖朝脱险,这应当也是出于他身为比企尼女婿的立场。另外,比企尼的女儿后来与祐清分手,又嫁给了平贺义信,生下了赖朝的犹子(像对待自己的亲生儿子一样照顾的人)朝雅。

赖朝其他的乳母,以及和他有关系的人也起到了很大作用。宇都宫(八田)宗纲的女儿、小山政光的妻子寒河尼后来成了赖朝与宇都宫一族之间的纽带。另外,后文将提到的佐佐木定纲也是宇都宫氏的女婿。赖朝的另一位乳母、住在相模国早川庄的摩摩尼(与义朝的乳母摩摩局一同)是中村氏中的土肥氏一族,她帮助赖朝联合中村氏、土肥氏的武士们,实现了对赖朝的武力支援。除此之外,赖朝乳母的外甥三善康信在京都,每十天一次将京都的情报送到赖朝处。通过与康信的联络,赖朝察觉到了自己身边危机四伏,从而下定决心举兵。

另一方面,在处境相对自由的赖朝身边,曾经是义朝家臣的浪人①、流人等,也在赖朝身边为他卖命。其中的代表是以近江为据点活动的佐佐木秀义一族。秀义是义朝的家臣,曾经是专门负责购买军马等物资的特使,常在陆奥与近江间往返。平治之乱后,秀义被夺走了在近江的土地,在去往陆奥途中经过相模国,成了涉谷重国的女婿、食客。秀义的儿子中,定纲、盛纲是赖朝的近侍,都一心一意地为赖朝效力;定纲、经高、盛纲、高纲兄弟四人一同参加了治承四年(1180)八月赖朝的举兵。

此外还有加藤景员及他的儿子光员、景廉,也是同佐佐

---

① 指离开了自己户籍所在地到其他地方流浪的人。也称浮浪。

木氏一样的浪人。他的先祖是前九年合战中黄海合战时保护赖义直至最后的七人之一——藤原景通，可以说是代代跟随河内源氏的家臣。景员最初是以伊势为据点，甚至能够在京都活动的军事贵族，但是败给了平氏的有力家臣伊藤氏，失去了自己的土地，只能在东国流浪。景员等人也在赖朝举兵时参战，并起到了重要的作用。

另外，赖朝身边还有筑前住吉社的神官佐伯昌助、出京的判官代藤原邦通等人。各种身份、职位的人，在赖朝的身边集合起来。

2　北条时政与源赖政

在厅官人北条时政

在赖朝被伊东祐亲威胁性命之时，将他纳入保护之下的人，是北条时政。北条时政将自己的女儿政子嫁给了赖朝，正如大家都熟知的一样，他是从一而终地支持赖朝，帮助赖朝建立幕府的功臣。《吾妻镜》中时政的初次登场是治承四年(1180)四月二十七日条，只记载了他是"上总介平直方朝臣五代孙。该国（伊豆国）的豪杰"，而只字未提他的官职。因为记载有限，也有学者认为，在京都作为时政的"眼代"（代官）活动、担任"左兵尉卫"的时定才是北条家的嫡支。但是，野口实通过对系谱图进行分析，认为时定是时政的弟弟。

　　时政与时定二人的父亲北条时兼成人后的实名为"北条介"(据《吾妻镜》建久四年二月二十五日条),他的身份是在厅官人。另外,《吉口传》(《续群书类从》)中明确记载了时政是在厅官人,镰仓末期要求讨伐幕府的护良亲王令旨(参见本书第55—57页)中也有"伊豆国在厅北条远江前司时政"(元弘三年二月十一日附太山寺文书)的记载。由此观之,时政的官职无疑是在厅官人。

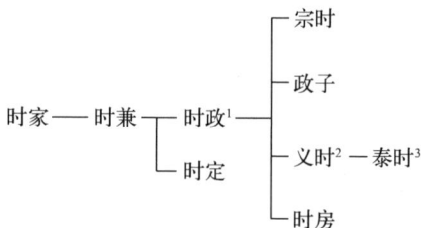

```
                              ┌── 宗时
                              │
                              │── 政子
                    ┌── 时政¹─┤
时家 ── 时兼 ──┤        │── 义时² ─ 泰时³
                    └── 时定 │
                              └── 时房
```

北条氏系谱简图(数字为就任执权的顺序)

　　在高中课本上也有介绍在厅官人的内容,他们是地方上的有力者。但是,在厅官人也不过是仅有六位官阶的地方武士,和主要在京都活动的军事贵族的身份截然不同。因此,后世的护良亲王在讨伐北条高时(镰仓末期北条氏嫡支的家主)时将他的先祖时政记为"在厅",其实是一种贬称。《吾妻镜》中提到时政时刻意使用了"豪杰"这种暧昧的称呼,而并未记载他的官职,应当是为了隐藏他在厅官人的身份。

此外，《吾妻镜》中专门提到了时政的先祖平直方的名字，应当与平忠常之乱后平乱失败的直方将成功平乱的赖信之子赖义招为女婿的旧事有关。时政把女儿嫁给赖义的后代赖朝，有可能正是由于时政将直方与赖义的翁婿关系投影到了自己与赖朝的关系上吧。不过，《吾妻镜》中并没有直方与赖义关系的记载。

关于时政的出身，根据野口实的分析（见《"京都武士"的东国经营及其大本营》《伊豆北条氏的四周》），从时政的祖父时家之后，与北条氏的系谱相关的记载都是一致的。时家属于伊势平氏，属于贞盛的儿子、也是伊势平氏先祖的维衡一支的后人，应当是军事贵族。通过推测可知，维衡大概在出京前往伊豆之时，成了北条氏的女婿。因而，他们曾经应当是在中央的、有五位以上官阶的一族。

《吾妻镜》中与时家的儿子时兼有关的描述，只有他是时定之父这一点，而其他谱系图中将时定记为时政的弟弟，因此时兼也是时政的父亲。在时政作为在厅官人在伊豆活动的时候，他的弟弟时定作为卫府的官吏在京都活动。与前文所述的伊东氏一族中祐亲与工藤祐经的分工一样，像这样的一族之内在地方与京都分别任官的情况在地方武士家族中很常见。那么，时政为什么将赖朝置于自己的保护之下呢？

知行国主源赖政

　　伊东祐亲是平氏的家臣，他的身份对赖朝来说是危险的。与此相对，时政的立场是在厅官人，他是跟随着知行国主源赖政的。时政保护赖朝的关键，还在于他和源赖政的关系。

　　据军记物语《源平盛衰记》(《平家物语》的异本)记载，赖政的长子、担任伊豆守的仲纲，与工藤茂光(工藤祐经的儿子)之间是主从关系。如前文所述，除了仅仅短暂中断过一次，伊豆一直是赖政的知行国，而且赖政一族仅仅凭借武士的身份，就与伊豆的在厅官人缔结了紧密的联系。很可能他们与北条时政也有联系。另外，据延庆本《平家物语》记载，于承安三年(1173)对后白河口出暴言而被发配到伊豆的文觉，是由后来的赖朝心腹、被任为镰仓殿御使的近藤国平押送往流放地的。由此可知，知行国主赖政的人脉，后来被赖朝继承了。

　　赖政是摄津源氏的武将，是在击退大江山之鬼传说中名声显著的源赖光的子孙。赖朝的先祖赖信是赖光的弟弟，兄弟共同跟随藤原道长，虽然都是武家的源氏(清和源氏)，但是实际上分为两支，已有两百年以上了。赖政的父亲仲政侍奉后白河，担任过下总守等官职；母亲是藤原南家贞嗣支的学者政治家友实的女儿，她的侄子是养育了赖朝的异母弟弟范赖的藤原范季,她的表兄弟是藤原信西。

如前文所述,赖政在平治之乱最初是与义朝共同行动的,但是,后来跟随从六波罗逃出的二条天皇,转到了平清盛的阵营。结果,赖政在平治之乱后得以保留在京都的政治地位。原本赖政是二条天皇的养母、鸟羽院的宠后美福门院的院殿上人,还是与美福门院以及她所生的皇女八条院关系很近的武士。仁安元年(1166),赖政任六条天皇的殿上人。六条天皇是二条天皇的皇子,受八条院支持。之后的承安元年(1171),在后白河院的御给(院及其他皇族实施的任命官员的制度)中升阶至正四位下,又在治承二年(1178)升阶从三位,实现了武家源氏中的首次晋升公卿。

在武家源氏中,有被允许升殿的前例,例如摄津源氏的赖光、赖国父子;河内源氏的义朝也在保元之乱后受到恩赏得以升殿。但是,实现晋升公卿还是首次创举。这应当出于清盛的推举,作为其外孙(之后的安德天皇)出生的贺礼。由此可知,赖政和清盛之间保持着良好的关系。

就这样,巧妙地与各种各样的政治势力维持着关系的赖政,同时也保护着武家源氏一族,将族内的孤儿认为自己的养子(据多贺宗隼《源赖政》一书),例如保元二年(1157)被怀疑谋叛而被杀害的弟弟赖行的儿子——政纲、兼纲两兄弟,久寿二年(1155)被义平杀害的义贤的遗孤仲家等人。仲家和向各国颁发以仁王令旨的行家一样,被补任为八条院藏人，不久后的以仁王之乱中，仲家就与赖政同呼吸共命运了。

　　赖政就是这样一个人，因此对于在平治之乱中被自己抛弃而灭亡的义朝的遗孤赖朝，很可能心怀同情。赖朝在与赖政，以及侍奉赖政的在厅官人北条时政的联系下，得到了很好的保护。但是，这种相对而言比较悠闲的生活，也随着中央政局的激变而发生了巨大变化。

3　以仁王之乱与赖政的灭亡

治承三年政变——后白河院政停止

　　与平治之乱正好间隔 20 年的治承三年（1179）成了一大历史转折点。平清盛通过武力控制京都，幽禁后白河院，停止了院政。次年，平清盛扶植外孙安德天皇即位，曾将女婿高仓作为傀儡拥立于院的他，终于在实质上成立了独裁政权。后白河与平清盛之间为何产生冲突呢？

　　仅仅作为过渡天皇原本就权威不足的后白河，通过仁安三年（1168）皇子高仓天皇的即位，才终于开始了院政。高仓的母亲是平清盛妻子的妹妹滋子（建春门院），后白河与清盛共同促成了对高仓的拥立，方确立了后白河院政。其后，虽然通过共同主持宋日贸易等，继续着合作关系，但是其前提在于集后白河宠爱于一身的建春门院的存在。然而，当安元二年（1176），建春门院 35 岁去世时，后白河与清盛这二位当权者之间的矛盾突然浮出表面。二人围绕政治的主导权、院中近臣与平氏一门的晋升，产生了激烈的冲突。

激发二人矛盾的，是在安元三年（八月改元后为治承元年）六月爆发的"鹿谷事件"。事件的起因，是延历寺及日吉神社位于加贺国的某个末寺①被加贺守藤原师高的弟弟目代师经烧毁。同年四月，震怒的延历寺一方，请出日吉神社的神舆，强烈要求将师高流放。师高是后白河心腹之臣西光（藤原师光）之子。震惊的后白河，令清盛的嫡子、院中近臣核心人物藤原成亲的妹婿、作为后白河近侍的平重盛进行拦截。然而，由于平清盛失态对神舆射箭，击退行动失败了。四月二十日，院不得已将师高流放。

事件并没有就此收场。在其后的四月二十八日，左京遭受了空前的大火（这场火灾也称"太郎烧亡"），再加上三十日中宫厅受到盗贼袭击等事，京都的治安极度恶化。当时尚未经历治承·寿永之乱（即源平争乱），这是迁都平安京以来的大混乱。此外，有谣言称这是保元之乱中下台的崇德院的怨灵作祟，还广为传播。这是对赶走了崇德成为帝王的后白河的猛烈抨击，相当于否定了后白河的正统性。

---

① 指被本山支配的寺院。本山指日本佛教特定宗派中有特殊地位的寺庙。

　　震怒的后白河,即使毫无理由,仍然抓捕了位于延历寺权力顶点的天台座主明云,以谋反的罪名将之流放伊豆。虽然负责流放过程的是知行国主源赖政的郎从,明云在流放的途中竟还是被延历寺的恶僧们救走。怒从心起的后白河,终于从福原(今兵库县神户市)召唤了平清盛,令其攻击延历寺(据《玉叶》五月二十九日条)。

　　然而,事态急转直下,清盛控制了院中近臣西光、成亲,将西光斩首,并将成亲虐杀在了流放地。通过院中近臣的遭遇,清盛的暗杀计划浮出水面(据《玉叶》六月二日条、《显广王记》六月五日条)。而且,随着后白河也被列为暗杀对象,后白河与清盛之间的关系迎来了决定性的破裂。只是,后白河院政此后并没有立即停止,这是因为亲院政派的重盛的存在,以及除了皇子高仓外,并没有可代替的院存在。

　　然而,治承二年(1178),之后会成为安德天皇的皇子出生了,排除后白河,拥立高仓院与安德天皇的新体制成了可能。于是在次年,自重盛去世后,后白河与清盛的全面冲突已经不可避免。此时,由于后白河在人员任免及摄关家等问题上不断挑衅清盛,政变终于在治承三年爆发了。这次政变继而引起了以仁王之乱,以及之后长达十年的内乱,为赖朝树立武士政权带来了契机。

治承三年政变的冲击

治承三年政变的直接原因,是后白河与关白藤原(松殿)基房联合,对清盛进行挑衅。在治承三年十一月十四日率兵由福原攻入京都的清盛,首先免除关白基房的官职,将之流放,令女婿近卫基通占据关白,以此为开端将院中近臣四十人免官,将太政大臣藤原师长(赖长的长子)等人流放,彻底破坏了院政的基础。其后的二十日,终于在洛南的离宫鸟羽殿内囚禁后白河院,院政彻底停止。

次年治承四年(1180)二月,清盛实现了高仓的禅位与安德的继位,将构成王权的院、天皇、摄政纷纷换血。这意味着武士通过武力左右了王权的更迭,可以说成为了之后承久之乱(1221年),以及足立尊氏击败建武政府的先驱。自然,这种使用武力强行控制王权的做法,不可能不引起强烈的反击。次年,给赖朝命运带来极大改变的以仁王之乱被引发了。

治承三年政变的矛盾并没有在此停止。高仓退位后的第一次神社参拜,破例地选择了在严岛神社进行,使宗教界的秩序发生了极大改变。清盛希望将严岛神社作为皇祖神,构筑新的信仰体系。为反对严岛参拜,权门寺院展现出的动向是武力蜂起,包括园成寺、兴福寺。就连原本门内亲平氏派更多的延历寺也加入蜂起,以夺回后白河与高仓上皇为目标(据《玉叶》治承四年三月十七日条)。权门寺院与平氏之间产生了尖锐的对立。正如当时所号称的"王法佛法相依",正统的王权也应当受到佛法支持。因此,由想要改变宗教秩序的清盛所拥立的安德天皇的正统性遭到了质疑。

政变的矛盾也波及了地方。清盛夺取了院及院中近臣所领有的很多知行国,并将这些土地交给了与平氏一族有关系的人。这导致平氏的家臣担任各国的目代等职位,并与以前就居住在当地的平氏家臣相联结,达成了对国的支配。相反,迄今为止一直通过与院或者院中近臣互通关系而支配着国的在厅官人们则失去了特权,甚至连生存都受到了威胁。

在坂东,院的近侍平业房担任长官的相模国,以及藤原为保担任长官的上总国,都可以确认发生了长官的更迭。前者的新国守是信西的孙子藤原范能,虽然他并不是平氏一族,但是在东国,被称为清盛之辅佐的平氏家臣大庭景亲的势力抬头,与当地的在厅官人三浦氏发生了对抗。后者的新国守是平氏侍大将伊藤忠清,继而向当地的有力在厅官人上总介广常施压。

地方上的紧张情绪高涨,这不仅仅是因为知行国主的交替。虽然在下总国,不能确定发生了长官的交替,但是作为平氏家臣目代、与平氏有姻亲关系的千田亲政等人扩展了自己的势力，压制了当地的在厅官人千叶氏等。就这样，伴随着平氏政权确立而扩张势力的平氏家臣，计划了在地方上与各国武士的相互对立，军事上的紧张情绪高涨。在这样的气氛中，以仁王开始了秘密的举兵计划。

以仁王令旨

关于以仁王的举兵，《吾妻镜》《平家物语》中皆称，由于对平氏一族的蛮横无理非常愤怒，赖政向以仁王提出了举兵。但是，就如同上横手雅敬所提出的（见《平家物语的虚构与真实》），举兵的首谋应当是以仁王。赖政当时已经是77岁的高龄，正如前文所述，他也与清盛保持着亲密的联系。虽然他在治承三年政变中可能会感到不满，但他并不是后白河的亲信，也不可能仇恨清盛到要赌上一族的命运发动反乱。

另一面，以仁王是后白河院的第二皇子，他的母亲是权大纳言藤原季成的女儿。明明以仁王母亲的身份也很高，却因为平氏希望他的异母弟弟宪仁（之后的高仓天皇）即位而被平氏警惕，陷入了甚至都没能成为亲王的失意处境。但是，以仁王成了他的叔母、大庄园领主八条院的义子，得以受到八条院保护。这意味着以仁王与美福门院、八条院相联结，作为曾经的正统皇位继承人二条、六条天皇一支，站到了可以竞争皇位的立场上。

治承三年政变中,清盛幽闭了后白河院,强行拥立安德天皇,甚至还没收了以仁王的土地,使以仁王的怨愤更深。再加上以仁王可能也收到了情报,知道了许多权门寺院,以及在旧院的知行国中发生的平氏家臣与在厅官人的矛盾。总之,随着以仁王与八条院领地的武士及权门寺院的相互联系加深,他逐渐触摸到了举兵的契机。此外,他还得到了与八条院关系紧密的源赖政一族的帮助,开始颁发命令在安德即位当天讨伐平氏的以仁王令旨,展现了对皇位的野心。

在主君以仁王的命令下颁发令旨的人,是赖政的嫡子伊豆守仲纲。所谓令旨,是皇后、皇太子、皇子等皇族颁发的奉书①形式的文书。这份"以仁王令旨"与古文书学上的令旨的形式不同,因而也有学者认为是伪造的。但是,以仁王是用了天皇的标准、企图发动革命的王,拘泥于文书形式上的细节没有意义。正如羽下德彦在《以仁王令旨试考》(收录于《中世日本的政治与史料》一书)中提到的,可以说这封文书应当是在命令手下追讨、讨伐时所用到的官方宣旨的一种类型。

不过,《愚管抄》提出,困于园城寺的以仁王其实发布了很多檄文,因此认为令旨和举兵计划本身都是不存在的;既

---

① 文书的一种,指臣子受主君之意而下达的文书。

然没有举兵、谋反的计划，以仁王又是八条院义子，乃重要人物，被判处流放的重罚这一点太过分了。

令旨由当时已经成了八条院藏人的源行家发放至各国。据说行家先拜访了住在伊豆国北条氏处的赖朝。这种说法应当是为了强调赖朝是河内源氏的嫡支、拥有正统性而虚构的说法，不过，从赖政与举兵的紧密关系这一点来考虑的话，行家很有可能最先拜访的正是处于赖政保护下、住在伊豆的赖朝。

在赖朝接受令旨之时，他换上了武家的礼服——水干，向着河内源氏侍奉的氏神石清水八幡宫遥拜。看到令旨的赖朝认为这正意味着"取天之与，时至而行（得到上天所给与的东西，时机到来时事情自然会发生）"，决定举兵。根据记载，在行家出发前往甲斐、信浓等地后，赖朝叫来了心腹北条时政，二人一同细看了令旨的内容（上述内容出自《吾妻镜》治承四年四月二十七日条），但是从史料的可信度来看，不能确定这些记载中哪些是真实的。不过，赖朝和时政并没有马上响应而举兵。至少在这个时候，伊豆还没有被政局上的紧张气氛和混乱波及。

但是，在之后不到一个月的时间里，以仁王被逼至不得不举兵的境地，赖政一族也随之灭亡了。赖政之后，清盛妻子时子的弟弟、处在平氏政权中枢的平时忠代替了他的地位，就任知行国主，伊豆也开始了严重的政局混乱。

平乱与"福原迁都"

五月十五日,发生了以仁王的流放骚乱(据《玉叶》)。《平家物语》中的说法是,熊野来的密告暴露了以仁王的举兵计划,然而右大臣九条兼实也未掌握事件的真相,在他的日记《玉叶》中并未提及以仁王被流放的原因。但是,事态迅速变化。以仁王为了躲避抓捕从园城寺逃走,被园城寺的恶僧藏了起来。园城寺的恶僧们向兴福寺、延历寺也发送了以仁王的檄文,主张打倒平氏。

兴福寺响应了园城寺的号召,但是延历寺拒绝了园城寺,因此没有形成像高仓院参拜严岛神社时达成的三寺院联合。由于以仁王的谋叛已经暴露,五月二十一日,平氏决定攻打园城寺。不过,当时与平氏一族一起,赖政也成了追讨军中的一位大将军。平氏当时并不知道赖政也是举兵计划中的一环,他们没有掌握到举兵计划的全貌。次日,赖政放火烧了自己家的宅子,率领全族与以仁王汇合,明确举起了反平氏的大旗。

面对平氏的攻击,僧人中出现了背叛者。因而二十六日天亮前,以仁王跟着赖政一行人离开了园城寺,准备依靠势力更强大的兴福寺。但是,由于受到了平氏的追击,赖政等人在木津川的河原,以仁王在即将到达南都(即兴福寺)的光明山鸟居前相继丧命。也是由于计划中途暴露,以仁王从园城寺出逃后在短短十日左右的时间内,反乱就被镇压了。

当时的权中纳言中山忠亲的日记《山槐记》五月二十六条记载,与赖政等人一同被讨伐处死的还有渡边党(以摄津国渡边为据点活动的武士团体),以及义仲的兄长、曾任八条院藏人的源仲家等与八条院有关系的人,兵力非常有限。与平氏方二百骑的兵力相对,以仁王、赖政方应当只有五十人左右(据《玉叶》五月二十六日条),发生的只是小规模的合战。但是,清盛心里产生了极大动摇,他在六月一日突然强行带着安德天皇、后白河院、高仓院前往了福原。以仁王举兵成了"福原迁都"的起因。

清盛计划迁都至自己的别庄所在地福原的最主要理由,是平氏已经与新皇相联结,相应的应当建设新的都城。但是,在福原还没有作为都市被规划、建设的当时,突然带走天皇和院的背景,应当与在以仁王举兵中,围绕着京都的权门寺院的参战有关。

清盛最初的"和田京"计划由于土地较狭小而没能实施,但清盛依然在八月提出了全面迁都的方针。当时,清盛专心于迁都问题,因此对于东国发生的反乱没能及时应对。

第三章　举兵成功
——流人的奇迹

1　举兵的决断

周身的危机与中央政情

　　以仁王之乱导致伊豆的知行国主源赖政和他的嫡子伊豆守仲纲战败身死。代替他们的是平时忠和他的儿子时兼，前者就任知行国主，后者就任国长官，而作为国长官代官的目代，则是起用了流人平兼隆。时忠是平清盛妻子时子的弟弟，虽然属于公家，但也是一族中有势力的人。代替成了谋反者的赖政、处于平氏政权中枢的人物时忠成了知行国主。自然，在伊豆也萌发了严重的政治紧张局面。

担任目代的兼隆虽然只是伊势平氏的旁支,但是他的祖父盛兼、父亲信兼在保元之乱中与清盛一族的行动并不统一,处于既非清盛一族,又非其家臣的立场上。兼隆在父亲的控告下被发配到了伊豆,但是他也曾在别当时忠的手下做检非违使,有这一层关系在,幸运地被起用为新的目代。不过,正是由于这样,在源赖朝举兵之时,兼隆被当作了最初的血祭,这件事他大概也想不到吧。

在时忠知行国的地方任官上,平氏的家臣受到了重用。长年作为平氏家臣的伊东祐亲等人获得了很大的势力。由于前任的谋反行为属于异常事态,这次变动与一般的知行国主的交替不同,因此自不必说,与赖政联合的任在厅官人的北条、工藤氏等人被剥夺了特权,陷入了困境。

北条时政计划将自己的女儿政子嫁给兼隆,却被政子拒绝了(据《源平盛衰记》)。虽然不知道这条记载在多大程度上可信,但是它应当反映出了当时时政的窘状。另外,时政迎娶了池禅尼的侄女牧之方作为后妻,这也可能是在希求池禅尼的儿子平赖盛的保护。但是,时政未能摆脱困境,最终转向了拥立赖朝,与赖朝共同举兵。

在以仁王和赖政灭亡后一个多月,治承四年(1180)六月十九日,赖朝乳母的外甥三善康信传来了一个重要的消息。康信在以仁王之乱后,被命令追讨接受了以仁王令旨的诸国源氏,因此他判断作为源氏嫡子的赖朝的境地尤为危险，劝他逃往奥州。但是，赖朝没有听从康信的劝告，还是决定在二十四日举兵（以上据《吾妻镜》）。

六月初，清盛如前文所述，专心于迁都福原一事，并没有下令追讨全国的源氏族人。不过，作为清盛"私郎从"（直属的精锐）的大庭景亲为了追讨源仲纲之子，从京都出发前往东国，且在各地都有追捕赖政残党的行动。这很有可能让康信认为是对所有接受令旨之人的追捕。另外，仲纲的儿子有纲，在景亲前往东国之前就已经逃往陆奥（以上据《玉叶》治承四年九月十一日条），并在陆奥得到了义经的知遇，很快成了义经的女婿。

有一种解释认为，赖朝将大庭景亲前往东国误认为是对自己的追讨因而举兵，但其实判断应当举兵，并不单纯是个人意图所能决定的。有伴随着知行国主的改换，北条以下的在厅官人的危机；有不仅仅在伊豆，周边诸国对平氏家臣的排斥；还有从大庭前往东国一事预测到的身边危机的增加，赖朝应当是对上述情况进行了综合判断，做出了举兵的决断。

此时起到了重大意义的是后白河院的密旨。据《平家物语》（卷第五《福原院宣》），被发配至伊豆的神护寺的文觉，前往了被幽禁的后白河之处，得到了后白河写给赖朝，让其打倒平氏的院宣（接受院的命令而发布的文书）。原本这个逸话中不现实的部分就很多，例如文觉在三日之内从伊豆到福原,亦或是在福原与处于平氏监视下的后白河会面等。即使如此,也不能像《愚管抄》一样断定后白河密旨是虚构的。

据《吾妻镜》六月二十七日条,结束了在京都的大番役①的三浦义澄、千叶胤赖两人拜访了住在北条处的赖朝。前者是前后白河知行国的在厅官人,后者是后白河同母姐姐上西门院的近侍。不难想象,他们可能在向赖朝传达后白河密旨的同时,还对赖朝说了平氏家臣的崛起,院的旧知行国的情势,以及与三浦氏有姻亲关系的上总介氏或者受到平氏家臣压迫的千叶氏的动向等。

特别是在由三浦氏担当在厅官人的相模国,与大庭景亲相对,既是平赖盛家臣也与后白河关系紧密的中原清叶作为目代掌管了国衙(在国司管理政务的官府)(据森幸夫《赖朝举兵时的相模国目代》)。由此赖朝预见到了自己举兵时在厅官人会共同参战,并且确信会有许多人参与举兵,且举兵处在救援后白河的大义上,能够得到相应的名分。

赖朝的兵力

逼近的危机,以及越来越明确的反平氏的机会,让感受到这些的赖朝做出了举兵的决断。据《吾妻镜》,六月二十

---

① 地方武士在京都(镰仓时代之后是在京都与镰仓)担当警卫的职务。

四日,赖朝将心腹安达盛长派往相模的武士那里,催促他们参战。根据这条记载,可知后白河的密旨可能在义澄、胤赖拜访赖朝之前,就已经被传到了赖朝手中。举兵计划已经半公开,可以说再没有退缩的余地了。

但是,赖朝原本应当最能依赖的乳母子山内首藤经俊,以及他的哥哥朝长的母家亲戚波多野义常拒绝了帮助,甚至还对赖朝口出不逊(据《吾妻镜》七月十日条)。甚至可以确定他们将这件事汇报给了平氏。其中,河内源氏代代家主的乳母都出自山内首藤氏,经俊的父兄也在平治之乱中被追讨杀害,此外,为义朝殉死的心腹镰田正家也出自这一家族,其正可谓河内源氏心腹中的心腹的一族。但是,举兵之前的赖朝只不过是一介流人。经俊虽然是赖朝乳母的儿子,却身为泷口(担当皇居警卫的武士)有在京都活动的经验,也与平氏有接触。这样的经俊拒绝参加危险的举兵也不足为奇。

此外,波多野氏是赖义手下的佐伯经范的子孙。经范在前九年合战中收到了赖义战死的误报,向敌阵中突击"殉死"。虽然有这层关系,但是义常的父亲义通在平治之乱以前便与义朝割袍断义,且应当已经向计划前往东国的清盛献上了侍所(能够将家臣们集中在一起会见的建筑物,后文详述)。波多野氏已经向平氏接近(据野口实),因而赖朝最初是否有劝他们参战都尚存疑。

有可能是强调在赖义之后东国武士与河内源氏之间联

合的《吾妻镜》,不能原谅佐伯经范的子孙对赖朝的背叛,因而想要赋予波多野义常背叛者的形象,才这么记载。虽然延庆本《平家物语》中也记载了经俊的粗口,但是不见与义常相关的记载。

无论如何,即使曾经与河内源氏之间是主从关系,佐伯经范的子孙也并不一定就要跟随赖朝,将波多野氏作为举兵的兵力之一这种重视赖义以来的主从关系的看法很难成立。相反,与河内源氏代代都没有太多深厚关系的伊豆的武士团则支持赖朝。重点是,在当时是受到平氏的施恩还是压迫,是武士们立场的分歧点。

同时,还有传言称坂东八国的官人、担当侍奉行①的平氏的侍大将②上总介伊藤忠清被在京都的大庭景亲拥立,与此相对,赖朝被北条时政、比企掃部允拥立,分别计划谋反。这个消息被传到了骏河的平氏家臣长田入道处(据《吾妻镜》治承四年八月九日条),说明赖朝请相模的武士团参战一事可能已经泄露了。

另一方面,据《吾妻镜》八月六日条,赖朝邀请了工藤茂光、土肥实平、冈崎义实、宇佐美助茂(祐茂)、天野远景、佐佐木盛纲、加藤景廉等人,分别对他们传达了"偏恃汝(我只

① 奉命行事,担任部局长官的职务。
② 军队的指挥者。

能依靠诸位)"的想法。如前文所述,苦于平氏打压的伊豆、相模的武士们,以及听流放中的赖朝差遣的佐佐木、加藤一族等,他们各自的立场,以及与赖朝之间的关系都不尽相同。禁止他们分别"独步"(擅自行动),正是希望他们能够"一揆"(团结一致)。这些武士分别与赖朝进行相对独立的联合,却缺乏横向的联结,通过促使他们竞相对自己表示忠诚,赖朝希望能创造一支指向胜利的一体化军队。

佐藤进一提出了有名的主从关系的两种类型——跟随者中分别有被称作"家人"的忠实的绝对顺从型(隶属、献身关系),以及被称作"家礼"的独立性较强的双方契约型(同盟关系)。前者的典型是乳母的儿子,在平氏方是伊贺、伊势等家臣,他们是通过土地与平氏结合的代代相传的平氏家臣。而对于被乳母的儿子背叛、作为流人没有土地的赖朝而言,缺乏像前者一般的下属。

侍奉赖朝的武士,更多不过是出于与平氏、平氏家臣的敌对关系而跟随赖朝。由于这些武士有很强的独立性,赖朝需要苦心维持对他们的统制。正是如此,赖朝对保护自己的岳父北条时政,以及一贯支持自己的乳母比企尼一族的信赖和依赖变得非常重要。

打倒目代兼隆

治承四年(1180)八月十七日,赖朝举兵了。北条时政、义时父子,工藤茂光,除了留在赖朝身边护卫的盛纲外的佐佐木兄弟以下,都为了讨伐平时忠的目代平兼隆,及辅佐他的提信远,从伊豆的北条府出击。途中,在北条时政的指示下,佐佐木兄弟攻击了信远的宅院,在明亮如白昼的月光的照耀下,佐佐木经高射出了讨伐平氏的第一箭,在《吾妻镜》中留下了令人印象深刻的记载。佐佐木兄弟经过一番激战,杀死了信远。

另一方面,时政等人袭击了兼隆的宅邸,在那里与结束了信远讨伐的佐佐木兄弟,以及为了保护赖朝而没有出战的佐佐木盛纲等其他人汇合,终于打倒了兼隆。据《吾妻镜》记载,由于当日是三岛神社的祭礼,兼隆的很多郎从参加了游兴,在宅邸警卫的人手不足,因此对赖朝几乎可以说是没有警戒的。由此,少数人的偷袭获得了成功。

兼隆原本在不久之前还是流人,很难组织很多人成为自己的郎从。另外,即使是在平氏一门内,由于他并非家臣,与其他的平氏家臣之间的联系应当也并不紧密。这大概也是兼隆在赖朝的攻击下很容易就被打倒的原因之一吧。

另一方面,京都的情势也帮助了赖朝。正巧在这个时候,清盛提出了营造皇居、八省院(宫城的正殿),大规模向福原转移首都机能的方针(据《玉叶》八月二十九日条),不顾贵族以及同族内的反对,强行推进着福原迁都工作。此外,贵族之间围绕着宅邸的分配、建筑物的建设、仪式的举行方式等等也议论纷纷。被迁都问题占据了心神的清盛,并没有对和以仁王之乱没有直接关系的东国情势多加注意。

讨伐了兼隆的赖朝在伊豆国蒲屋御厨发布了下文（命令文书），称奉以仁王之命，下令剥夺与兼隆联合的史大夫中原知亲的管理权。赖朝为了使自己支配东国的权力正当化，借用的不是后白河，而是以仁王的名义。但是，这其中有利用与伊豆前知行国主赖政联合的以仁王的权威的一面。不久后，当赖朝的兵力离开伊豆，与前后白河知行国的武士们合流时，就渐渐地不再打着以仁王的名义了。

赖朝虽然在初战中取得了鲜明的胜利，但这不过是依仗敌人的大意的偷袭作战。为了准备与平氏家臣之间的真正的战斗，赖朝不可避免地需要与兵力充沛的三浦一族还有上总介、千叶氏等合流。在最初的计划中准备与赖朝合流的三浦一族，虽然率兵从据点衣笠城（现神奈川县横须贺市）出发，但是被暴雨导致的河流上涨阻拦，没能与赖朝汇合。是时，赖朝将妻子北条政子托付给伊豆山权现①，为了与三浦汇合而向东行进。赖朝的军队中，有北条时政与其子宗时、义时，以及工藤、天野、宇佐美氏等伊豆的有势力的武士团，还有土肥、冈崎氏等。以相模西部的武士团为中心，应当共有兵力三百骑（据《吾妻镜》八月二十日条）。

与此相对，平氏家臣的核心大庭景亲，与相模、武藏的

----

① 被视为是佛陀化身的僧人。

平氏兵力联合,率领三千骑的军队阻挡赖朝。再加上伊东
祐亲也率领三百骑,从赖朝军的背后逼近。就这样,石桥山
合战爆发了。

2　武士团的聚集

石桥山的败北

石桥山属今神奈川县小田原市,位于市区的西南。山
与海之间距离狭窄,新干线、东海道线上也是隧道连续的难
行之地。合战的状况详细见于《吾妻镜》八月二十三、二十
四日的记载中。

大庭军队在支援赖朝的三浦军到达之前应当就到达了
此处,从八月二十三日的夜里开始攻击,激战持续到了第二
天。从赖朝发挥了卓越的射箭技术开始,郎从们也全力奋
战,但是终究寡不敌众,战败。在战斗中,冈崎义实的儿子
佐奈田与一义忠、工藤茂光,甚至还有时政的嫡子宗时等重
要的郎从们纷纷战死。藏在椙山中的赖朝也受到了大庭军
队的搜索,一度做好了自杀的准备,但是知道赖朝藏身之处
的梶原景时转移了大庭景亲的视线,他的"有情之虑"将赖
朝从危机中救出。之后,在当地人土肥实平的领路下,赖朝
从真鹤岬出发,以安房为目的地渡海。

对于举兵后的赖朝来说,石桥山合战是唯一一次败北。

正因为如此,将这次失败与之后的胜利进行戏剧化对比的
《吾妻镜》的叙述中也有夸张的一面。但是,单是从战死者
的名单上来看,赖朝军队所面临的苦战和危机也是毋庸置
疑的。另外,赖朝也是直面死亡的深渊,费尽千辛万苦才
逃脱。

　　另一边,赖朝举兵的报告在九月三日到达了京城。右大
臣九条兼实记叙,称"谋反之贼义朝之子","陵砾"(侮辱践
踏)目代,占领了骏河、伊豆两国(《玉叶》)。兼实就连赖朝的
姓名都不知道,但是明白事态的严重性,知道举兵的背景中
包含清盛的暴政,认为很难镇压。相对的,权中纳言中山忠
亲在次日则记到:"故义朝男、兵卫佐赖朝,起义兵。"(《山槐
记》)"义兵"一词,包含着之后营救了后白河的意义。在举兵
的性质——批判清盛一事上,忠亲与兼实一致。

　　石桥山合战的报告见于《山槐记》九月七日条,以及《玉
叶》九月九日条。前者的记载称赖朝战败后仅剩少数兵力,
逃亡至箱根的山中,他的小舅子"北条次郎""薰藤介用光"
遭到讨伐战死。自不必说,这两人是指北条宗时和工藤茂
光。后者的记载则是,"群贼仅五百骑",败于官兵两千骑,
逃往山中,而预定二十二日出发的追讨军队则没有必要再
出征。朝廷中普遍认为随着石桥山合战的胜利,赖朝军已
经四分五裂,事态也马上就要平息。这也导致了平氏的
轻敌。

没能成功与赖朝汇合的三浦义澄等人，在返回据点衣笠城的途中，于由比浦击破平氏方的畠山重忠军队，击杀五十余骑（据《吾妻镜》八月二十四日条）。但是之后，重忠为了报复，以及报答平氏曾经的恩惠，与秩父一族的河越重赖、江户重长等人一同攻击了三浦氏的据点衣笠城。三浦氏的家主义明受到敌袭战死，同时三浦一族弃城而出，逃到了房总半岛（据《吾妻镜》八月二十七日条）。

武藏国在平治之乱之前是由藤原信赖担任长官，但是乱后被平氏夺取，之后二十年中，由清盛的四子知盛担任长官以及国主，并且一直在将当地武士转化为家臣。这可以说是能够展现知行国主与武士之间深度联合的事例。

平氏的军队是由勇猛而忠诚的少数"家人"，以及强制性征发的"武士"这两种战士组成。在这个军制中，前期先由家臣负责镇压叛乱军队，之后再由以"武士"为中心的官军处理敌军的残部。在东国的反乱中，大庭、伊东、武藏武士等家臣迅速出击，攻破了叛军。平氏军制在此时是有效的。

但是，重盛的家臣藤姓足利氏应当与广常一同攻击了大庭景亲（据《玉叶》九月十一日条），平氏内部的旁支小松殿（重盛）系统的武士们已经开始采取单独的行动，平氏方并非一块铁板、齐心协力。之后赖朝在房总半岛再次起兵，事态的发展远远超出了平氏的预料。

镇压房总半岛

赖朝在土肥实平的带路下，从真鹤岬渡海前往安房国。实平帮助在石桥山战败后面临死亡深渊的赖朝脱困，虽然梶原景时也将赖朝从大庭景亲的搜索中救出，但是这件事不知真假，因而景时的功劳无法与实平相比，赖朝自然对他寄予强烈的信赖。

渡海前往安房虽然是石桥山合战败北的结果，但是在很大程度上也有想要依赖上总介、千叶氏的一面。渡海应当是最初预定的行动。在海上与三浦一族汇合的赖朝，于安房登陆。安房国中有河内源氏的土地——丸御厨，赖朝也能期待当地的武士安西景益的支援。三浦义澄即将出发追讨平氏方的长狭常伴，三浦氏也对安房的地理、情势十分了解。另外，安房并不是平氏方的阵营，而是如后文所述，与北条时政也有政治联系的吉田经房的知行国。正是由于这些，安房国非常适合作为避难之处，因而赖朝在这里等待与上总介、千叶氏汇合。

然而，由于九月一日赖朝下令在安房国中追讨从京都来的人，也有人认为赖朝举兵的目的不仅是打倒平氏，也是对贵族政权本身的反叛。但是，赖朝在相模与目代联手，此处追捕的从京都来的人，应当是指依靠平氏的目代、庄官。

据《吾妻镜》的记载，控制了安房的赖朝，为了让上总介广常、千叶常胤尽快来与自己汇合，分别派遣了和田义盛、安达盛长作为使者。广常在常胤之后才来与赖朝合流，与这种消极的态度（九月六日条）相对，常胤则是流下了被触动的热泪，马上就答应参战，并且提议让赖朝进驻自赖义以后就与河内源氏有渊源的镰仓（九月九日条）。

之后，常胤次第打倒了平氏方的下总国目代（九月十三日条），以及平忠盛的女婿千田亲政（九月十四日条），与在平治之乱中战败身死的义朝的叔叔义隆的遗孤赖隆一同，来到赖朝身边效忠（九月十七日条）。但是，上总介广常没有立刻答应参战，不但迟迟才来参战，而且还只是假装归顺赖朝，实际上抱有企图杀害赖朝的"二心"。这样的广常在终于与赖朝汇合后，受到了严厉的斥责，感受到了赖朝合乎"人主之体（过人的器量）"的大将之威严，并最终为之臣服（九月十九日条）。

野口实详细分析了上述《吾妻镜》中与广常相关的记叙（《源赖朝的房总半岛经略过程》《开始参与打倒平家的上总广常》），认为广常原本就是站在赖朝这一边的。《玉叶》九月十一日条就已经记载了介八郎广常攻击大庭景亲的这一报告，这是对广常立场的暗示。

广常受到了成为上总长官的伊藤忠清的强力压迫，在《源平盛衰记》中也有他被监禁在京都的记载。与平氏勾结、企图夺取广常族长权的广常的庶兄常义（常茂）也威胁着广常。广常在平氏的压迫下处于严峻的形势中,因此不可能站在平氏一边。在与赖朝汇合时姗姗来迟,应当是因为忙于讨伐国内的敌对势力,《吾妻镜》中对广常有"二心"的记载,应当是寿永二年(1183)广常遭到肃清的伏笔。

另外,野口实推测广常先讨伐了上总国的目代,因此赖朝才能够平安通过上总国。目代的工作应当是代行侍奉行上总介忠清的任务,统合东国的平氏家臣,因此目代被清除也意味着破坏了平氏家臣的联合,可以转而将他们各个击破。而且,广常组织的军队应当有两万骑,是赖朝军队中最大规模的一支。广常是赖朝能够胜利的最大功臣,也是能够左右赖朝军团动向的重要存在。

另一方面,据《吾妻镜》文治二年(1186)正月三日条,常胤在前文提及的六子胤赖的说服下参加了赖朝方的战斗,从中可窥知其实常胤才是消极的一方。赞赏千叶常胤、贬低上总介广常的《吾妻镜》的记叙,是千叶氏在《吾妻镜》编纂中主张自己先祖功绩的结果。与之后被灭亡的上总介氏不同,当时千叶氏尚有子孙在世。

先祖之地镰仓

房总半岛的胜利决定了赖朝军队在军事上的优势地位。之后,此前在石桥山等战役中站在平氏方、攻击了衣笠城、杀害了三浦义明的武藏的武士们,也加入了赖朝的阵营。畠山、河越、江户等秩父一族,通过攻击三浦氏团结到了一起,但是原来就围绕着武藏国府的实权所属等问题存在对立。此外,利用早前就与赖朝有所联系的葛西清重,牵制江户重长的行动应当也卓有成效。

另一方面,杀害义澄父亲三浦义明的仇人畠山重忠、河越重赖等人的加入,对于义澄与身后的三浦一族来说,难免人心浮动。赖朝安抚他们道:"若不吸纳有势力的人,便难以成事。不应对忠义之人留有愤恨。"(据《吾妻镜》十月四日条)想到曾发生在久寿二年(1155)八月的、受到三浦义明支援的源义平与叔叔义贤一同杀死河越重赖的父亲秩父重隆一事,可知三浦与秩父两门武士的相互对立、遗恨是非常深远的。但是,与以大庭景亲为首的平氏方之间的抗争还没有结束,再加上能够想到平氏即将派来的追讨军队,因此两者之间的对抗被回避了。

此外,作为乳母子却背叛了赖朝的山内首藤经俊,自然本应被处刑,但是在赖朝老迈的乳母的请求下,得以活命(据《吾妻镜》十一月二十六日条)。经俊的侥幸活命,明示了赖朝对于投降者所采取的宽容态度,结果也促使曾在石桥山合战中与赖朝敌对的许多武士转而加入赖朝的阵营。就这样,赖朝巧妙地回避了东国武士之间的相互对抗,以被孤立的大庭景亲等平氏核心家臣为攻击目标,让东国武士们联合在一起。结果,赖朝的军队迅速扩大,在其中可以看到作为调停者以及军队组织者的赖朝的身影。

　　但是,对于三浦一族而言,他们对父亲的仇敌畠山重忠的仇恨不可能消失。赖朝通过强调以平氏为首的外敌带来的威胁,并在胜利之后没收敌方的土地进行新恩给与,模糊内部的对立,维持着武士间的结合。不过,包含着内部对立这一脆弱特性的军队,随着战争的结束以及外敌的消灭,转向日常维持的时候,内部的矛盾就会暴露。所以此时已经可以预见赖朝去世后镰仓幕府内发生的内部纷争。

　　赖朝让畠山重忠打头阵,将御后(控制赖朝的后方进行警卫的职务)的任务交给千叶常胤,率领着人数众多的大军到达了相模国(据《吾妻镜》十月六日条)。随后,将父亲义朝时就有宅邸、"曩祖"(先祖)源赖义时就与源家有千丝万缕联系的镰仓当作根据地。赖义在平忠常之乱后的长元九年(1036)就任相模守,与桓武平氏嫡支平直方的女儿结婚,生下长子义家之时,从直方处获得了宅子(据《词林采叶抄》①)。之后的前九年合战后的康平六年(1063),又从石清水八幡宫请来神主,建立了鹤冈八幡宫。该神社是在永保元年(1081)由义家主持建造的(据《吾妻镜》十月十二

---

① 镰仓时代后期至南北朝时期的僧人由阿所著的《万叶集》注释书。

日条）。

接着,赖朝的父亲义朝也在镰仓的龟谷修建了宅邸,成了三浦义明的女婿,生下了长子义平。野口实认为,镰仓也有义朝的手下等人的宅邸,是具有都市特征的地区(《武门原始的血脉》)。这应当从赖朝让许多武士住在民家中有所体现。《吾妻镜》记载镰仓"除了捕鱼的人和山村野老外,定居的人很少"(治承四年十二月十二日条),这应当是为了戏剧性地描写自赖朝来到镰仓之后这里的迅速发展而进行的虚构。总之,赖朝来到了继承了祖上传统的地方。

3 富士川合战

富士川合战的背景

清盛派自己的孙子维盛(重盛的长子)作为大将军带领追讨军镇压赖朝的反乱。追讨军与赖朝和甲斐源氏的联合军之间的战役,就是富士川合战。即使是一鼓作气直指胜利的源氏军队,实际上也只是一群乌合之众。如果平氏的追讨军获得了胜利,那么事态也可能发生巨变。但是,追讨军不战而逃了。据《平家物语》,平氏虽然率领着大军,但是在战役就要发生之前,听武藏武士实盛描述了源氏军队的勇猛,因而产生了畏惧,风声鹤唳,不战而逃。这一描述平氏军之胆小的逸闻非常有名,但是毋庸置疑,这肯定是虚构的。

　　作为富士川合战的前提有重要意义的战役是钵田合战。据《吾妻镜》治承四年（1180）十月十四日条，平宗盛（清盛的三儿子）的知行国骏河的目代橘远茂，以及势力强大的平氏家臣长田入道等的军队在骏河国钵田，大败于武田信义率领的甲斐源氏的军队。正如前文所述，与北条时政有政治关系的、作为有能的官吏被熟知的吉田经房的日记《吉记》十一月十二日条中记载，源氏军队将两千骑的军队诱导至死胡同中将其歼灭，并将骏河目代及手下八十人斩首。与前文所述一样，平氏的作战方式是先由实力强大的平氏家臣对敌人进行打击，接着再由官军清理残兵。但是，这种作战完全失败了，这也影响了追讨军的士气，不必说，也在很大程度上影响了富士川合战。

　　在钵田合战中消灭了平氏家臣的甲斐源氏，是源义家的弟弟义光的子孙，也是河内源氏的旁支。甲斐源氏的中心是武田信义，以及他的叔叔安田义定（《尊卑分脉》中认为义定是信义的弟弟）。他们与赖朝在同一时期发动了反乱，占领了甲斐国（据《山槐记》九月七日条），并且据《吾妻镜》的记载，还进一步向信浓推进，扩大占领地。根据《吾妻镜》的记载，北条时政引领着甲斐源氏，他们可以说是与赖朝互相协作活动。但是，实际上甲斐源氏是与木曾义忠合作，从赖朝的军队中独立出来行动的。据《玉叶》记载，甲斐源氏是富士川合战中反乱军一方的核心。

另一方面，赖朝的军队膨胀至数万人，因此将原本只以为会与赖朝对立的平氏家臣们逼到了穷途末路。根据《吾妻镜》的记载，先是相模的豪族波多野义常受到赖朝的讨伐而自裁（十月十七日条），接着在次日，大庭景亲也被赖朝军逼到走投无路而逃亡（二十六日被处刑），十九日，伊东祐亲也被捕，继而被处刑。就这样，在反乱刚爆发的时候勇猛地战斗着的平氏家臣们全灭亡了。赖朝率领的反乱军成了平氏一方难以想象到的大军，在追讨的大军到达前由家臣对敌人施以重击的平氏军制陷入了难以为继的境地。

平维盛作为大将军率领的追讨军到达骏河国，是十月十八日以后的事情了。他们于九月二十二日从福原出发，次日便进入了六波罗，在此长时间逗留直到二十九日。追讨军的延迟应当是赖朝军队通过钵田合战，以及其他战役将平氏家臣各个击破的旁因。另外，由于平氏家臣原本就会在追讨使到达之前给敌人以重击，因此在追讨军到达前出击是与计划一致的。只不过如果追讨军能够早日前往东国的话，一方面平氏方的士气会高涨，另一方面，可能周围持观望态度的武士们也会参战。

追讨军行军延迟，是由于侍大将伊藤忠清拒绝在阴阳道①

---

① 日本神道的一部分，源自中国战国时代的阴阳五行学说。

视为恶日的"十死一生日"从据点六波罗出发,就此与据点是福原、只将六波罗视为中途经过地、想要尽快出发的维盛产生了对立(据《山槐记》九月二十九日条)。这条记载,不仅仅是在于记叙平氏的严重迷信。忠清是以伊势为据点的平氏代代相传的家臣,对于清盛想要远离伊势、放弃有先祖坟墓宗庙的六波罗、进行福原迁都一事,生出了反抗,认为至少应该以六波罗为大本营。当时在平氏一门内,围绕着福原迁都问题有非常严重的矛盾,甚至不惜延迟发兵的时间,从这里也可以窥知平氏对东国情势的乐观态度。但是,追讨军的长时间停滞,导致的结果是东国的平氏家臣全灭这一可怕的事态。

平氏败走与义经来访

　　骏河目代及手下战败的报告,毋庸置疑,导致了拼凑而成的追讨军的士气低下。追讨军的士兵应当是从近江开始,在沿途经过的国中动员来的武士,但是动员活动难以展开,即使是参加的武士们,也没有带领族人或者手下,在中途也有逃兵。如此这般,到达富士川的时候,军队中一半以上竟是从京都就跟随大军的平氏家臣(据《吉记》十一月二日条)。有饥荒带来的军粮不足,再加上东海道诸国中很多都曾经是后白河或者院中近臣的知行国,因而对平氏抱有敌意的武士很多,并且由于与源平之间的战争没有关系,因此战意也很低。追讨军到达富士川的时候，仅有四千骑的兵力，难以与号称有数万的源氏军队一战，因而又有了更多逃兵。

与平氏方相对，在战乱中取胜的源氏方，是兵精将强、战意高昂的军队。当然可以说富士川合战在开始之前就已经有了结果。即使在这样的情况下也想要战斗的维盛，被有经验的侍大将忠清说服而决定退兵，而随后便发生了火灾，再加上四周还传来水鸟振翅的声音，最终平氏军全军溃散。另外，由于上总介广常的庶兄——平氏方的常义战死（据《吾妻镜》十月二十日条），广常在上总的地位终于稳固下来。

根据《吾妻镜》（十月二十一日条）的记载，合战结束之后，放弃了上京的赖朝在黄濑川宿（今静冈县沼津市）逗留，实现了与弟弟义经命运的重逢。义经在出生之后没多久就遭遇了平治之乱，以出家为条件侥幸活命，并在鞍马山出家。但是，在承安四年（1174），义经就离开京都前往平泉，被藤原秀衡保护了起来。之后，他不顾秀衡的制止，率领佐藤继信、忠信两兄弟和少数郎从，在合战的第二天加入了赖朝。然后兄弟二人念起后三年合战中的先祖源义家、义光兄弟的旧事，留下了感怀的热泪。

与《吾妻镜》的记载相对，延庆本《平家物语》的记载是，义经在合战的前一天，率领着秀衡拨给他的军队与赖朝汇合,指出义经是受到了秀衡的支持而前往赖朝处帮助他的。面对询问秀衡状况的赖朝,义经回答,秀衡非常关心赖朝在鹿谷事件和以仁王举兵中的应对方式。秀衡在治承三年政变之前都是后白河的知行国主,与院有紧密的政治联系,从秀衡的立场来考虑的话,这是他应有的发言。正是因为如此,秀衡将义经和援军送到举兵的赖朝处。从秀衡的心腹佐藤继信、忠信两兄弟的跟随来看,很难认为义经是在没有得到秀衡支援的情况下从秀衡那里逃走的。进一步从秀衡的政治立场来考虑的话,延庆本《平家物语》的记载应当更贴近历史事实。

对于在秀衡的支持下来访的义经,赖朝非常欣喜,自不必说,对义经采取了优待的态度。义经被认为是赖朝的犹子(据《玉叶》文治元年十月十七日条),这种关系的缔结只可能是在这个时候。

此外,早在之前的十月一日,已经是醍醐寺僧人的全成也来到了赖朝麾下。如前文所述,全成的母亲是常叶,他也是义经的同母兄长。虽然未见全成作为武将活跃的记录,但是,他与赖朝妻子政子的妹妹阿波局结婚,之后成了三代将军实朝的乳母夫。关于赖朝与义经不和的原因,有一种说法认为是源自义经母亲的出身低贱,但是仅仅从全成之后的处境来看,这种说法是不正确的。

富士川合战的结果

在平氏自我毁灭式的败走中,以及平氏军与追击平氏军的源氏军之间的小型战役中,富士川合战结束了。合战本身虽然也只是小规模的战役,但是导致了非常严重的结果。赖朝持续着对南关东的支配,展现出了独立国家的样子。另外,追讨军的溃败也导致平氏政权的权威崩坏,带来了内乱的长期化和严重化。富士川合战是宣告源平争乱正式开始的狼烟。

据《吾妻镜》十月二十一日条记载,与命令追讨平氏军的赖朝相对,上总介广常、千叶常胤、三浦义澄等有力家臣,都认为以常陆国的佐竹氏为首尚有许多敌对势力存在,反对追击,因此赖朝放弃了上京。之后,赖朝将武田信义派往骏河,将安田义定派往远江作为守护,应当是就此转而专心经营在东国的势力。

赖朝放弃上京一事,体现了想要救援后白河、打倒平氏政权的赖朝,与只关心当地支配的安定、想要扩大占有土地的东国武士之间的意志的区别。这件事也是体现这种区别的著名事例。东国豪族们出于与邻近的平氏方的对立抗争而蜂起,他们优先保全自己的土地也是自然而然的。从根本上来说,东国武士们也并不是完全抗拒上京,只是认为应当在平定坂东后再上京。《愚管抄》记载的,从蔑视朝廷的上总介广常的发言中得出他们无视京都而只想要实现东国独立的想法，是很有问题的。

从当时的客观情势来判断，赖朝自然也会选择放弃上京。当时的坂东除了《吾妻镜》中记载的佐竹氏，还有常陆的源（志田）义广、上野的源（新田）义重、下野的藤原（足利）俊纲等人，这些平氏家臣或者虽在源氏一门内却还未归顺赖朝的豪族有很多。赖朝不可能率领大军上京而让坂东空虚。

此外，甲斐源氏一族进行的对骏河和远江的支配应当并不是赖朝的指示，而是通过他们自己实力进行的占据。安田义定在寿永二年（1183）和木曾义仲一起上京，就任远江守，在之后的一之谷合战中也是带着自己独立的立场而参战的。甲斐源氏控制着东海道，阻塞着上京的路途，从这一方面来看上京也是十分困难的。赖朝踏上了回镰仓的归途，在途中的相模国府进行了第一次论功行赏。在这里赖朝提出了奠定镰仓幕府主从关系之基础的本领安堵与新恩给与政策，树立了所谓的封建主从关系。

另一方面，由于前所未闻的追讨军的溃败，平氏政权的权威崩坏，反乱在全国范围内扩大。次月（十一月），在离京都很近的近江、若狭也发生了反乱。而赖朝和甲斐源氏等人继续占领着东国，国内呈现出了内乱长期化和严重化的形势。发现了镇压内乱这一燃眉之急的清盛，中止了福原迁都而回到了平安京,同时开始进行对畿内周边地区敌对势力的清扫。

4 镰仓幕府的基础

新恩给与和本领安堵

由于在富士川合战中取得了胜利,赖朝排除了平氏追讨军带来的威胁。被赖朝占领的地域从平氏政权中独立出来,呈现出了"国家"的表征。据《吾妻镜》十月二十三日条,踏上了往镰仓归途的赖朝在前文提到的相模国府对手下的家臣进行了第一次论功行赏。北条时政是一直支持赖朝的,此外还包括甲斐源氏的武田信义、安田义定等家臣,赖朝下令进行本领安堵和新恩给与,并任命三浦义澄补任三浦介,命下河边行平继续担任下河边庄司(下总的下河边庄的庄官)。赖朝将战友与敌人相区别,对于成了战友的家臣,承认他们原有的土地,并将没收的敌方土地作为"新恩"赏赐给有战功的人。

本领安堵,意味着将武士认定为战友,从攻击对象中排除。当时的东国处于内乱状态,武士们被逼迫做出选择——是成为赖朝的敌人还是战友,他们没有办法选择中立。曾经不得不成为平氏一方的武士也很多,赖朝将他们也确定为自己的战友。另外,在《吾妻镜》十月二十三日条的记载中,也可见大庭景亲被捕,河村义秀、山内首藤经俊等被没收领有土地等事件,可知受到了处罚的只有在石桥山一战里站在平氏方的武士的十分之一左右。在赖朝的宽容中军队迅速膨胀,但也展现出庞大军团内部所包含的不安定因素。

另一方面,新恩给与意味着赖朝将从敌人那里占领的土地作为恩赐赏给有战功的武士。原本,武士所领有的土地是由国司所支配的公领(国衙领),或者由庄园领主所支配的庄园,领有土地的变更应当由国司或者庄园领主下令进行。但是,当时赖朝却通过自己的独断而进行了土地处分。这样,国司或庄园领主力所不能及的处分,在反乱军当政的特殊状况下实现。

赖朝即使在之后成了官军,也继续着分配土地的权限,对待从朝廷得到的没收而来的平氏土地,以及讨伐了谋叛者之后得到的土地,都由赖朝作为新恩分给御家人,任命其为地头。赖朝让朝廷承认了他对土地的分配权力。公领和庄园的所在地,由掌握任免权的赖朝所任命的地头进行支配,地头职就此成立。虽然地头们的收入、权限,以及工作内容与之前管理土地的官吏没有什么区别,但是他们的任免权掌握在了赖朝手中,因而赖朝能够巩固他们为自己效力的立场。

赖朝的御家人们,为了能够通过新恩给与被任命为地头而互相比拼战功,成了强大的军队。赖朝为了解决军队内部的矛盾,不停地设定着新的外敌,通过以获得新恩给与为目的而进行的战斗驱动着军队运行。这么做的结果,自不必说,是镰仓幕府的成立。但是,当幕府转为战后的日常运行时,就难以进行新恩给与了,此时军队的内部矛盾必然会大爆发。赖朝去世后幕府发生的以血洗血的内斗就是矛盾爆发的产物。

论功行赏之后,东国的土地通过镰仓殿(镰仓幕府的将军)与御家人两方的更选被分给家臣们,赖朝首次建立了以领有土地为媒介的可持续的主从关系。曾经的河内源氏的先祖,虽然将家臣推举为庄官或者长官的郎从,这份恩情也只不过是一代的恩情,家臣们的子孙是从国司或者庄园领主那里获得土地的。与此相对,镰仓殿与御家人们的新的主从关系,与之前的河内源氏家主与家臣们的关系相比,发生了巨大的变化。

赖朝不是在镰仓的宅邸,而是在相模国府进行的论功行赏。这应当是由于相模国目代中原清业的存在。与前文提到的森幸夫的观点一样,清业是平赖盛的家臣,之前也与后白河存在亲密的联系。他之后一直住在相模国,并且照顾了在寿永二年(1183)从义仲手下出逃、前往赖朝之处的平赖盛。清业手下的相模国衙还保留着战前的机能,这应当也是赖朝在这里进行论功行赏的原因之一。如前文所述,有一种看法认为,由于赖朝在安房国追捕"京下辈",因此赖朝和东国武士们对京都的公家政权本身都持否定态度。这种说法是不正确的。

攻打佐竹氏

回到了镰仓的赖朝,出发讨伐被广常、常胤、义澄等人视为威胁的常陆国的佐竹氏。佐竹氏是八幡太郎义家的弟弟义光一支的嫡支,义光的儿子在京都担任检非违使等职务,与平泉的藤原清衡(平泉藤原氏四代、奥州藤原氏初代家主)的未亡人结婚。当是时,佐竹氏以常陆国北部的奥七郡为中心掌握着强大的势力,也压迫着周边的诸国,因此与上总介和千叶氏之间应当有矛盾。佐竹氏的家主隆义在京都活动,一门上下皆属平氏方。据《吾妻镜》记载,富士川合战刚刚结束没几天的十月二十七日,赖朝就发动了对隆义的儿子秀义的攻击。之后虽然一时间陷入了苦战,但是利用了佐竹一族内部的分裂,攻占了秀义所在的金砂城(今茨城县常陆太田市),逼迫秀义逃往陆奥国花园城。其后的十一月八日,赖朝将以奥七郡为首的佐竹氏领有的土地作为奖赏分配给手下武士,迅速进行了新恩给与。这应当是为了灵活应对东国武士之间的利害关系,让他们尽快体会到新恩给与带来的恩惠。

然而,之后随着秀义之父隆义的回乡,佐竹氏东山再起，与平泉藤原氏一同成为了对赖朝的威胁以及赖朝暂时回避上京的原因（据野口实《坂东武士团的成立与发展》）。因此，《吾妻镜》中关于赖朝大胜、没收敌军土地这样的记载，其实尚且存疑。另外，虽然赖朝在常陆国府与叔叔源义广（又名义宪、义范）、行家会面，但是他们没有对赖朝的军事行动施以援手，之后反而与赖朝敌对。即使在攻击了佐竹氏之后，常陆的情势也是不安定的。

据《吾妻镜》十一月八日条记载，被捕的佐竹家臣岩濑与一太郎，无视赖朝讨伐平氏的行动，指责源氏一门攻击佐竹氏的行为，称"无子孙之守护"。在元历二年（1185）五月，被认为是义经为了平息赖朝怒气而提出的"腰越状"①中也能见到同样的话语。《吾妻镜》一贯强调赖朝对门内其他人残酷凉薄的态度。赖朝这样的态度被后人认为导致了源氏将军的断绝，这是为了将继承镰仓幕府权力的执权政治②正当化而产生的理论。自然，这样的发言是否存在，尚且存疑。

虽然说是"源平争乱"，但并不是以血脉关系决定阵营。首先，东国武士中很多人属于桓武平氏。除了佐竹氏，在京

---

① 见后文。赖朝对义经发怒，禁止其进入镰仓，逗留腰越的义经写给兄长的信。
② 赖朝去世后，北条氏打击其他御家人，扶植傀儡，掌握幕府大权的独裁体制。

都的源氏一门中也有不少平氏家臣。甲斐源氏的武田信义
的儿子有义，和加加美（小笠原）长清兄弟等人分别是平重
盛、平知盛的家臣。甲斐源氏一门内很多人虽然早早与赖
朝汇合，但是也有像义家的三儿子义国的儿子、以上野国为
据点的新田义重等反抗赖朝的人。

　　义重一直以来就在平宗盛手下做事（据《山槐记》九月
七日条），自称是义家的嫡孙，反抗赖朝（据《吾妻镜》九月三
十日条）。从在京都活动的义重的角度来看，区区赖朝不过
是一介流人，自己才是真正的河内源氏嫡支。义重的想法
也是自然而然的。不过，义重迫于木曾义仲等人的压力，于
治承四年（1180）末臣服于赖朝手下（据《吾妻镜》十二月二
十二日条）。义重的子孙新田义贞也在历史中登场。

御家人的成立

　　排除了佐竹氏威胁的赖朝回到了镰仓，任命三浦义澄
的外甥和田义盛担任侍所①别当（据《吾妻镜》十一月十七
日条）。义盛在八月受到畠山重忠的攻击从衣笠城逃往安
房的路上，与石桥山合战中战败逃走的赖朝在海上汇合，约
定胜利之后赖朝任他做"侍别当"（据延庆本《平家物语》）。
　　义盛在十二月十二日于镰仓进行的赖朝的新宅移居

---

① 镰仓幕府与室町幕府中担当军事与治安管理的组织。

（正式的移居）之时，履行了在侍所确认被任命的官吏、记录他们到达情况的别当的职责。新的侍所有十八间，柱的开间也是十八，是像三十三间堂一样横长的建筑物。据记载，在那里，北条时政父子、足利义兼（义康的儿子）及以下311个武士们分两列相对落座（《吾妻镜》）。

众所周知，侍所与政所相并列，是镰仓幕府的重要机关，由御家人进行管理。与政所一样，侍所一直以来就是摄关家等公卿家族的家政机关，除了保管家司以下家政机关职员的补任辞令外，还负责记录侍奉住家时是否到场、督促参与仪式等工作。虽然仪式与兵阵不同，但是赖朝确实继承了这种实现对家臣统制的侍所机能。

不过，赖朝的侍所与公家的侍所有很大的不同。赖朝的侍所中，设置有公家侍所中所没有的主君的座位，由此，主君可以与家臣直接对面。而且，公家的侍所只有三间左右，与此相对，赖朝的侍所是足有十八间的巨大建筑物。关于这一点，研究者们注意到了赖朝侍所与平氏侍所之间的关系。义盛之所以想要成为侍所别当，是因为羡慕在坂东的侍所当差的上总长官伊藤忠清（据延庆本《平家物语》）。忠清工作的具体内容，以及平氏侍所的所在地都不明，但是可以对其进行推测。

相模国松田的波多野氏宅邸中，有足有二十五间的巨大侍所（据《吾妻镜》治承四年十月二十五日条）。这是治承三年（1179）正月，平清盛在计划富士山参拜或者说鹿岛参拜之时下令建设的，因此可以认为，清盛想要在这里通过将东国的家臣聚集于一堂、与他们对面，而确定彼此之间的主从关系（野口实《平清盛与东国武士》）。清盛为了统制家臣而建立了如此庞大的侍所。赖朝的侍所也是一个将家臣们聚集于一堂的场地，并且继承了清盛所建设的侍所的职能（滑川敦子《和田义盛与梶原景时》）。

在相模国府进行的论功行赏中，与赖朝之间通过土地媒介约定了主从关系的武士们，在镰仓的侍所与赖朝会面，通过这种能够对视的形式，与赖朝之间缔结了正式的主从关系。在赖朝手下组织起来的新的集团——御家人们也成立了。石井进认为，这样的仪式可以说是赖朝创立的事实上的独立国家的国王戴冠式，自此镰仓幕府正式成立。我们能在还仅仅是地方权力、没有进行全国政权化的这个阶段，就判断幕府成立吗？虽然还留有这样一层问题，但是毫无疑问，这是幕府成立过程中一个跨时代的事件。

记录了侍所仪式的《吾妻镜》十二月十二日条中，提到御家人的宅邸也建设得鳞次栉比，道路建设完成并有了自己的名字，镰仓发生了巨大的变化。正如前述，镰仓曾经被义朝，之后是他的儿子义平作为据点，很难认为这里是完全的草野乡下，这可能是为了强调幕府草创的《吾妻镜》所进行的夸张表现。无论如何，镰仓成了赖朝至死约二十年间的住所。

第四章　赖朝与义仲的对立

——以源氏嫡支为中心

1　后白河院政的复活

清盛的结局

　　就在源赖朝在镰仓建造新的宅邸、与御家人之间确定坚实的主从关系的时候，平清盛则是尽全力希望能够改变局势。清盛的军队在富士川合战中尝到了大败的滋味，且国内爆发内乱，因此清盛放弃了长久以来渴望的福原迁都，于治承四年(1180)十一月回到京都，让天皇和院住在距离平氏一门的大本营六波罗与西八条接近的八条、九条附近，将其置于平氏的保护之下。另外，以平氏多年来依赖的军事基础——伊贺的精兵家臣打头阵,从三个方向攻入了近江。

平氏军队击破了以近江源氏为首的反乱军,很快控制了近江。之后,在十二月初和同月月末,又分别消灭了帮助以仁王举兵的园城寺,以及畿内最大的反平氏势力兴福寺和南都的诸寺院。

转年后的治承五年(1181),平氏的反击也没有结束,平氏军队攻入了美浓,打倒了美浓源氏的光长,并且控制了美浓国。正月十四日,名义上的治天之君(主持院政的上皇)、年仅 21 岁的高仓院去世了。清盛以高仓院遗诏的名义,创设统辖畿内和周边九国的总官,并让自己的嫡子宗盛担任。又设置了辅佐总官的总下司,使大范围征兵和征军粮成为可能,强化了镇压内乱的体制(总官制)。

在清盛的亲自指挥下,平氏逐渐挽回了颓势。但是,持续的战斗,以及京都的改造这些繁重的任务,逐渐侵蚀着已经上了年纪的清盛的身体。在突如其来的高烧中倒下的清盛,于这一年的闰二月四日溘然长逝,享年 64 岁。弥留之际的清盛,自然下令夺回东国(据《吾妻镜》闰二月四日条),还下令平氏即使仅剩最后一个人也要与赖朝战斗(据《玉叶》养和元年八月一日条),并且要将赖朝的头颅供奉在自己的墓前(据《平家物语》)。清盛大概也对二十多年前自己在池禅尼的请求下留了赖朝一命这件事,以及自己天真的判断而感到后悔吧。清盛对赖朝的遗恨与愤怒,应当是远远超出我们想象的。

清盛的去世使局势发生了很大的变化。由于他的继任者宗盛将政权归还给了后白河,平氏政权被消灭,后白河院政全面复活。从高仓院陷入重病以来,清盛虽然也重开了后白河院厅,并且任命了院厅的职员——院司,但是他将这些政治活动都置于自己的严密监视之下。随着清盛去世,后白河自治承三年政变以来,终于又全面掌握了院政。

但是,宗盛一面宣扬着还政后白河,一面又不顾后白河的制止继续着追讨源氏的战争。宗盛这么做的原因,应当离不开前文提到的清盛的遗言。宗盛作为一门的统领,遵守伟大的族长父亲的遗言,是自然而然的。但是,这么做无异于蔑视院的命令。后白河震怒,他与宗盛间的关系出现了巨大的裂痕。这样的裂痕也间接导致了两年后的寿永二年(1183)七月,当平氏逃离京都的时候,后白河自己逃离了平氏的控制。

不顾后白河的制止而出征的平氏军队,于三月十日在墨俣川之战中大败源行家、源义圆等人率领的源氏军队,攻入了尾张。这场胜利应该也可以归功于总官制的确立。但是,正是这时爆发了大饥荒,导致军粮耗尽,难以继续进行战斗,从此之后,东海道战线陷入了胶着状态。另外,在这场战役中战死的义圆是义经的同母兄长,平治之乱后在园城寺出家,曾以圆成为名。目前的史料中并无他前往镰仓的记载,他应当只是跟随着在尾张附近独自行动的行家。

赖朝的和平提案

治承五年(1181)闰二月,清盛去世,后白河院政复活,再加上来自平氏方的追讨的停滞,赖朝身边的态势发生了很大变化。在此之前,赖朝最紧要的政治课题是打倒安德天皇和平氏政权,以及救援后白河,并且继续迎击平氏的追讨军。但是,随着平氏政权灭亡,后白河重新成了朝廷的中心,这样赖朝也就失去了救援后白河这一上京的名义,不得不停止自己的军事行动。另一方面,由于不用再担心平氏追讨军所带来的威胁,赖朝将精力投入了"东国经营"。

在转而进行东国经营之时,治承五年七月,赖朝向后白河提出了和平提案(据《玉叶》八月一日条)。和平提案的内容也被告知给了平宗盛,并被转述给了九条兼实等公卿。对于后白河以及贵族们来说,赖朝并不是不能饶恕的谋反者。另外,我们也能看出后白河非常在乎和平,并且不愿意再受到平氏的压制,想要自由地施政。赖朝的提议如下。

首先,赖朝陈述了自己并没有想要背叛后白河,指出举兵是以讨伐"君"即后白河的敌人平氏为目的、以营救后白河为目标而展开的行动。另外,赖朝还提出,如果院不消灭平氏,也可以让自己与平氏并立,将西国交予平氏支配、镇压反乱，在这个前提下由朝廷任命国守。赖朝将可以说是拥有武力、维持治安的源平两氏，与执掌征税等民政的国宰（国司）相区别，从这里可以看出之后守护与国长官并立的公武关系的原型。

从后白河处得知了赖朝和平提案的宗盛，以前文提到的父亲的遗言"我之子孙，虽一人，若残生，当曝骸于赖朝之前"（即平氏子孙中即使仅剩一人活着，也要与赖朝死战）为理由，拒绝了提案。清盛的遗言，既是书面化了的遗言，也与之后平氏的命运相一致，正可谓是诅咒一般的话语。

无论如何，作为族长的父亲拥有绝对的权威与权力，遵守父亲的遗言，对于宗盛来说是为了统领一门而必须做到的事。另外，宗盛也绝对不可能饶过背叛了有救命之恩的平氏的赖朝。虽然有这些理由，但后白河对在清盛死后依然再次不顾其想法的宗盛，有更深的不信任感。

虽然我们不知道实际上赖朝是否真的认为能够和平，但是事实上他再次向后白河展示了自己没有与之为敌的想法。甚至根据当时的状况，赖朝也有可能期待像两年后的寿永二年十月宣旨一样，得到朝廷承认，获得对东国的正当支配权。暂且不论是否有这种可能，赖朝提出上文的和平提案这样的对朝廷的斡旋工作，是他在寿永二年（1183）木曾义仲将平氏逼到逃出京城的境地而上京之时依然得到了功勋第一的评价的原因。

秀衡与义经

　　说到赖朝与义经，最著名的就是他们是有宿命般的对立关系的兄弟。义经是除去已经出家的全成，第一个加入赖朝军队的赖朝之弟。在治承四年(1180)十二月赖朝设立侍所之时，与赖朝母家表弟足利义兼光荣地成为御家人一事相对，义经作为赖朝的亲人也受到了特别优待。义经还进一步与赖朝之间有"父子之义"(据《玉叶》文治元年十月十七日条)，如前文所述，这份关系大概是在二者汇合之后马上就缔结的。在治承四年，义经成了尚没有子嗣的赖朝的候补后继者。而赖朝的妻子诞下嫡子赖家，是在寿永元年(1182)。

　　但是，原本善待义经的赖朝，受到影响而改变了对义经的态度。在养和元年(1181)七月二十日进行的鹤冈若宫宝殿上梁仪式上，赖朝命令义经去牵要赐给工人的马。这份工作，性质与御家人畠山重忠、佐贺广纲等人的工作相同。赖朝对踌躇了的义经大怒，因此害怕了的义经听从了他的吩咐(据《吾妻镜》)。这作为赖朝将义经置于与御家人们一样地位的表现，是被大众所熟知的一件事。

　　在最初义经率领着藤原秀衡拨给他的军队加入赖朝的时候，赖朝曾经期待着以义经为中介实现与秀衡的联盟。但是，在义经参战之后，秀衡没有进一步支援赖朝，因此赖朝才对义经变得冷淡。秀衡将义经和军队一起送给赖朝，也是因为赖朝有营救后白河的目的。但是，随着治承五年（1181）闰二月清盛去世、后白河院政复活，赖朝失去了救援后白河的借口。另外，秀衡不同于与近邻的平氏家臣有冲突的东国武士，他在陆奥国内并没有与平氏势力的冲突。出于上述原因，秀衡并没有很积极地援助赖朝。往更糟糕的情况考虑的话，在赖朝攻击就在秀衡附近的佐竹氏之时秀衡依然选择旁观，从这里或许也能看出秀衡消极的态度。

不仅仅是如此，治承五年六月，在信浓国横田河原（现长野市）发生的战役中，越后的平氏方武士城助职（后改名长茂）大败于木曾义仲，被迫逃亡到"蓝津"（会津）的据点之时，秀衡还派郎从夺取了会津（据《玉叶》七月一日条）。秀衡利用城氏的战败，占领了曾经不受自己支配的会津，这可以窥知秀衡想要扩大领土的野心，以及与义仲之间联合的目的。赖朝会对秀衡抱有警惕之心，也是自然而然的。

根据《吾妻镜》的记载，在养和二年（1182）四月五日，赖朝在江之岛的弁才天召见了高雄神护寺的文觉，终于到了要靠咒杀秀衡来使其降服的这一步。平泉是赖朝最早的假想中的敌国，在此之后，赖朝以难以上京为理由，指出了秀衡的威胁。弁才天的仪式中，集合了足利义兼、北条时政及他们之下的强有力的御家人，但是却不见义经的踪影（据《吾妻镜》）。义经身边有秀衡的心腹佐藤兄弟，自不必说，他的处境已经恶化了。而且，赖朝的嫡子赖家之后很快出生了。围绕着继承人的位置，义经与赖家之间必然产生竞争，而由于赖家是赖朝的亲生儿子，义经的地位更加岌岌可危。

之后，义经的活动轨迹也不见于《吾妻镜》，直到《玉叶》寿永二年（1183）年闰十月七日条所记载的义经上京之前，他的身影消失在了史书中。在这段时间，高调地活跃在历史舞台上的，是赖朝的从弟木曾义仲。

2　木曾义仲的上京

义仲举兵

义仲是在赖朝起兵的次月九月，于信浓国举兵的（据《吾妻镜》治承四年九月七日条）。随后不久，义仲为了回避与赖朝的竞争，转而向北陆道进军，于三年后的寿永二年（1183）七月进京，将平氏赶出了京城，这件事是源平争乱中的一个重大节点。

义仲的父亲义贤是为义的次子，也就是赖朝父亲义朝的大弟弟，根据《尊卑分脉》的记载，他的母亲是妓女。义贤与没有被任官就出京前往东国的义朝相对，担任皇太子（后来的近卫天皇）的警卫——东宫带刀先生，当时被立为嫡子。但是，义贤在京都犯了错被免官，于仁平三年（1153）为了与在坂东活跃的义朝对抗,出京前往上野,后来活跃于武藏。义仲出生于义贤出京后的次年,即久寿元年(1154),他应当是出生在武藏。但是,再次年的久寿二年八月,义仲的父亲义贤在大藏合战中被义朝的长子义平所杀,因此义仲逃亡到了信浓国的木曾,并且在那里长大。他被称为木曾义仲,也是出于这个原因。

大藏合战的背景是后白河身边的武藏守藤原信赖、源义朝,与藤原赖长身边的源义贤的对立。出于这种对立,义仲一族与后白河之间保持着距离。如前文所提及的一样,义仲的兄长仲家成了源赖政的犹子,担任八条院藏人,在以仁王举兵中战死。义仲与八条院、以仁王之间的关系被察觉,之后以仁王的遗孤(北陆宫)也在义仲身边接受他的庇护。如此这般,义仲的父亲是被赖朝的兄长所杀,他本人也不亲近赖朝所侍奉的后白河,而是与八条院一系的人亲近,义仲与赖朝之间是疏远的。

信浓国虽然没有围绕国长官与知行国主的交替而产生的权力倾轧,但是在甲斐源氏的侵入下战乱勃发,此间义仲应当继承了兄长的遗志,接受了以仁王令旨。义仲追从着父亲的足迹在上野国活动,但是由于不想与赖朝发生冲突,转而向北陆前进,于治承五年(1181)年六月在信浓北部的横田河原合战中对战同越后的一万骑大军一起出击的平氏方的豪族城助职,取得了压倒性的胜利(据《玉叶》)。在这场战斗中,除了木曾的直属军队,"佐久"党以及甲斐源氏武田氏也有参与。甲斐源氏也与义仲联合了。另外,如前文所提及的一样,这场战斗导致了藤原秀衡占领会津,赖朝对秀衡的警戒心变高。

此后,伴随着义仲在北陆道的活动,反乱在北陆道各地扩大。北陆是京都的粮食供给地,因此对于苦于饥荒的京都来说,北陆发生的反乱与东国相比,明显成了更加切实的问题。平宗盛在八月十五日,如前文所述,任命秀衡为陆奥守令其追讨赖朝,同时将城助职任命为越后守,令其追讨义仲。但是,此前吃了败仗的助职根本不可能有追讨义仲的余力。宗盛不得不任命助职一事,也说明平氏已经被逼到了机关用尽的状况。虽然平氏也向北陆道派遣了追讨的军队,但是并没有什么显著作用。

义仲的跃进

一方面,寿永元年(1182),在饥荒的影响下战线转向胶着状态,相对来说比较平稳。镰仓,八月十二日,赖朝与政子期盼已久的儿子出生了。这就是赖家。赖家的乳母是比企尼的女儿、河越重赖的妻子。次日,御家人们向赖朝献上了护刀,仪式中也有去年加入赖朝方的梶原景时、景季父子的名字。由此可知,梶原父子二人早早地就成了赖朝的近臣(以上据《吾妻镜》)。

随着赖家的出生而后继有人的赖朝,以及曾经获得赖朝的承诺会成为下一任镰仓殿的外戚的北条时政等人都非常高兴。但是,前文也提到,这样一来,作为赖朝犹子的义经的处境就蒙上了一层阴影。当然,现在还没有一个人知道在二十多年之后等待着赖家的悲惨命运。

另一方面,也发生了让义仲的立场变化的事件。七月,如前文提及的一般,以仁王的遗孤从京都逃脱,被义仲保护了起来。这位王子,一般被称为北陆宫,据说在越中国开始受义仲的保护(延庆本《平家物语》)。王子将性命拜托给义仲的背景,应当是前文所提及的,义仲那曾担任八条院藏人的哥哥仲家与以仁王、八条院之间的关系。掌握了北陆宫的义仲的心中,萌生了想要上京辅佐王子即位的想法。

寿永元年(1182)至次年的年初,义仲掌握着北陆宫,在东海道、北陆道扩展着自己的势力。由此,侍奉八条院和以仁王的行家离开了赖朝,转而加入了义仲的势力。之后的寿永二年二月,赖朝的叔叔义广也反抗赖朝而起兵。

义广的本名是义范,可能是由于他曾经担任在保元之乱前一年成为东宫的守仁亲王(二条天皇)的带刀先生,他没有跟着自己的父亲为义,在保元之乱后也一直住在河内国。守仁亲王虽然是后白河的皇子,但也是美福门院的犹子,因此义广自然有亲近美福门院以及她的皇女八条院的理由。

正如《吾妻镜》中也提到的"志田（太）"，义广以八条院领（王家领有的最大庄园）常陆国志田庄为根据地，与行家一样，是和八条院之间有关联的武将。关于义广的举兵时期，《吾妻镜》中记载是治承五年（1181）闰二月，但是通过记叙了与追讨相关的赏赐的文书来看，应当是在寿永二年（1183）二月（石井进《中世武士的实像》）。

根据《吾妻镜》闰二月二十日条的记载，由于有平氏追讨军出京的传言，赖朝的御家人多数都出兵东海道，抓住了这个空隙的义广带领数万骑向镰仓进攻。但是，在下野国野木宫（今栃木县下都贺郡野木町）的战役中，被小山朝政、宗政兄弟二人击败陷落。没过多久，义广与上京的义仲汇合，直到离世都与义仲共同行动，最终在逃亡地伊势被消灭。

就是这样，义广与义仲之间保持着紧密的关系，为了与拥立北陆宫扩展了势力的义仲相呼应，义广起兵了。在行家之后，与八条院有关系的源氏一门中，受到义仲影响又发生了变动。义仲这样的存在，对赖朝来说成了一个重大威胁。

不过，在战役中，源范赖的名字首次登上了历史舞台。如前文所述，他是义朝的六儿子，他的母亲被认为是远江国池田宿的妓女，由于他少年时是在远江的蒲御厨度过的，因此也被称为蒲冠者。之后，范赖被九条家的家司①、后白河近臣藤原范季养育长大（据《玉叶》元历二年九月三日条）。范赖与赖朝汇合的时期和经过都不明。虽然在赖朝的弟弟全成、义经加入赖朝的时候，《吾妻镜》中对当时的景象以及汇合之前的经过，都进行了插叙记载，但是却不见与范赖相关的内容。大概是由于《吾妻镜》的佚失而丢失了这部分的内容。

义仲入京与平氏逃出京都

表现出赖朝与义仲关系恶化的，是义仲的嫡子义高成为赖朝人质的事件。延庆本《平家物语》记载，行家背叛赖朝而加入义仲之后，由于甲斐源氏的伊泽信光（武田信义的五儿子）向赖朝进谗言，赖朝计划攻打义仲，在二者和解之时义仲将义高送往赖朝处作为人质。虽然我们无法得知这件事的真相，但事实是二者之间的紧张态势以义仲臣服于赖朝以决赖朝后顾之忧为结束。从义仲的角度来看的话，由于身边有北陆宫，他所期望的应当是尽快实现上京。

另一方面，可以通过鸭长明的《方丈记》得知，此时的京都正处于空前的大饥荒中。在粮食供给地北陆反乱勃发的养和元年（1181），甚至已经有传言称平氏要被赶出京都了。

①在亲王家，或者三位以上的公卿、将军家设置的管理家政的职员。

仅仅是这一点,就让夺回北陆成为平氏的燃眉之急。因此,寿永元年(1182)安德天皇即位的大尝祭①结束后,平氏于次年为了追讨义仲而向北陆道派遣了大规模的远征军。

平氏的军队足有数万,是空前的大军,但是由于临时拼凑起来的队伍,军队的士气低迷,指挥者也很模糊。此外,由于军粮不足,大军在行军沿途反复进行掠夺,因此招致了居民的敌对,而且在北陆的平氏家臣很少,导致没有向导。这样的军队,当然不敌身经百战的强者义仲的军队。

五月,在越中国的俱利伽罗峠,以及在加贺国的篠原,发生了两次大规模的战役。这两次合战中,平氏都遭受了毁灭性的败仗。据《玉叶》六月五日条,篠原合战中,仅仅五千人的义仲军大败有四万人的平氏军,平氏军队的大半士兵要么逃亡,要么战死。甚至可以说平氏毫无抵抗的余力,义仲入京不可避免。

"义仲"这个名字第一次在《玉叶》中登场,就是在记载了俱利伽罗峠之战的寿永二年(1183)五月十六日条。在此之前的四月二十五日条中记载,赖朝与信义是东国和北国发生的反乱的核心,而对于没有位次没有官职的义仲,甚至连他的存在本身都不为人知。这种认知导致在义仲入京后,有的人将义仲看作赖朝的代官。另外,在义仲马上就要

---

① 天皇即位时举行的特殊仪式,向神明供奉谷物。

进京的同年七月二日,《玉叶》记载,此次仅仅是义仲和行家进京,赖朝没有入京,这一点体现出作者九条兼实将源氏视为一个整体。

在此之后,平氏被逼到不得不离开京城的境地。寿永二年七月二十五日,平氏一门带着安德天皇和三种神器①,朝着大宰府慌慌张张地离开了京都。这其中应当也有为了将源氏军队引诱进正在闹饥荒的京都而战略性撤退的一面,但是,容忍后白河的逃离这一点是平氏方的重大失策。

后白河在七月二十五日黎明从延历寺逃脱了。对于后白河来说,源氏绝对不是敌对势力,不如说是来营救自己的,因此他不信任蔑视自己权威的宗盛也是自然而然的。宗盛当然也不能信任后白河,不是出于为了和平而利用后白河,也是为了防备与院亲近的重盛一支(小松殿一门),特地没有拘束着后白河罢了。

寿永二年七月二十七日,后白河从延历寺下山,次日,义仲和行家入京了。后白河命令二人追讨平氏军队。结果,平氏一转沦落为了贼军。安德可以说成了平氏的傀儡天皇,而且年仅五岁,没有代行政务的摄政者或者院。这样的安德,很难使离开京都的平氏的身份正当化,平氏沦落为

---

① 指镜、剑、玉,最初指八咫镜、天丛云剑(草薙剑)、八尺琼勾玉。天皇的象征,随着天皇的即位代代相传。

了地方割据势力。

虽然在历史上"如果"这个词算是个禁词,但是请特别允许我使用它。如果,后白河被平氏强行带离京都的话,毫无疑问平氏就拥有强有力的正统性。与此相对,义仲可能就会拥立八条院和北陆宫构筑独自的王权吧。这样的话王权会分裂,大概会导致长期的内乱。另外,这样应该就能使失去了权力来源后白河的赖朝的处境恶化。随着后白河的逃脱,日本避免了分裂的危机,赖朝也免于陷入危险境地。

3 与义仲的斗争

给源氏的赏赐

正如我们在前文反复提到的,寿永二年(1183)七月,义仲将平氏逼到了放弃京都的境地,使处于胶着状态的源平争乱有了很大的进展。在富士川合战后一直都想要上京的赖朝,可能也会感到遗憾,军队内部也难免动摇。但是,义仲与后白河之间产生了激烈的对立,这种对立导致赖朝获得了寿永二年十月宣旨。

七月二十八日,进入了京都的义仲和行家获准进入了院御所法住寺殿的一块封闭区域——莲华王院(三十三间堂)御所,从后白河处得到了追讨平氏的命令。自此,源氏成了官军,平氏则沦落为了贼军。进入院御所之时,义仲与行家都想第一个进入,从这里也能看出他们之间的争执不和(据《玉叶》)。二人武将的气质,让贵族们也震惊地发出了"梦耶? 非梦耶?"的感叹(据《吉记》)。当然,这两人得以拜谒院的方式是非常狼狈的。同日,院将院厅的厅官中原康贞派遣至赖朝处(据《百练抄》)。

七月三十日,院御所经过商议有了决定,确定了对源氏诸武将的赏赐。在这次议定中被认为功勋第一的,是迄今为止还没有上京的赖朝,第二则是义仲,第三是行家。在我们这些清楚义仲赫赫军功的人来看,无疑十分意外。但是,对于之前连义仲其人是谁都不知道的院和贵族们来说,自然完全不可能知道赖朝与义仲之间的不和,而是将源氏视为一个整体。由此,考虑到赖朝第一个举兵,因此一直作为院身边的近臣而有较高政治地位的赖朝就获得了更高的评价。在朝廷看来,没有官位和官职的乡下人义仲,以及连大的战功都没有的行家,自然只不过是赖朝的代官而已。

对此,义仲当然不能容忍。可能是出于义仲的反对,赖朝不但没有得到恩赐,甚至连他谋反者的身份都没有被平反。赖朝真正摆脱谋反者的身份,恢复曾经的官阶,是在同年十月的时候。

八月十日,义仲补任从五位下的左马头,兼任越后使;行家补任从五位下的备后守。但是,义仲对自己得到的职位并不满意，因此五日后转任伊予守。伊予是四位上臈的任国（据《官职秘抄》），国长官的最高峰。行家也在十三日转任备前守，但是由于与义仲之间巨大的差距，行家非常不满，于是闭门不出。在源氏一门内部，不只是义仲和赖朝之间，义仲和行家之间的对立也逐渐明朗。

另外，义仲是和被称为"相伴源氏"的清和源氏的各分支武将一起入京的。他们分别是，在以仁王举兵中战死的赖政的儿子、源满政一支、美浓源氏的光长等，以及摄津、近江、美浓等以京都周边地区为据点的在卫府、检非违使等职位上活动的军事贵族们。其中，也有甲斐源氏的安田义定的名字（据《吉记》七月三十日条），这一点吸引了大家的注意力。

如前文所述，义定在富士川合战后一直支配着远江，但这并不是出于接受了赖朝的命令被安排在远江，而是义定通过自己的实力夺取的权力。他与义仲等人一同入京，负责维持京都的治安，并在八月十六日无视了还被当作谋反者的赖朝，就任远江守，被朝廷承认了他在当地的实际支配权。从这里我们可以知道，义定从赖朝的手下自立，并且与义仲相联合，进行独立行动。

皇位继承问题

由于安德天皇与平氏一起离开了京都，因此朝廷需要拥立新的天皇。后白河遵循的原则是，继承皇位的天皇应当优先从皇子中选出，因而准备从高仓天皇的皇子中选择一位继任者。高仓天皇有四位皇子，但是长子安德与第二皇子守贞亲王都随着平氏一起出京向西而去，因此候补者就是第三皇子惟明亲王，以及第四皇子尊成亲王。

惟明是宫内大辅义范之女的儿子，当时五岁。尊成则是院的近臣、修理大夫藤原（坊门）信隆之女殖子的儿子，与守贞同母所出，当时四岁。在后白河艰难抉择的时候，发生了非常不得了的事情。义仲要求让以仁王的王子北陆宫践祚（据《玉叶》八月十四日条）。义仲提出的理由是，在后白河被平氏监禁之时，与害怕平清盛而默不作声的高仓天皇相对，以仁王举起了义兵并且牺牲了自己，北陆宫的父亲就是这样"至孝"的存在。义仲上京的目的中有很大一部分就是拥立北陆宫即位，对于这样的他来说，上述行动是理所当然。但是，皇位的决定权这件事本身是院政的基础，也毫无疑问是院所掌握的最大的权限。义仲侵害到了后白河院的权限，后白河对义仲非常愤怒。虽然愤怒，但是恐惧义仲军队的后白河并没有简单地驳斥义仲的要求，最后，他通过宣布"御卜"结果的形式将皇位传给了尊成（据《玉叶》八月十八日条）。这就是后鸟羽天皇。《平家物语》（卷第八"山门御幸"）中记载，后白河与尊成更亲近从而选择由他继承皇位，但是实际上大概是强力的院近臣坊门家通过自己的政治实力影响了天皇的选择。

天皇的选择,加上即使到了八月也毫无收敛之意的义仲军队的乱暴劫掠,使后白河院与义仲之间的关系再难修复。与以仁王有亲密关系的八条院也站在了后白河一方,事实上义仲已经被放弃了。八条院的立场变化,应当与义仲手下破坏八条院的庄园有关。此时,可以说义仲在京都已经是孤立无援。

九月二十日,义仲像被鞭策着一样出发追讨西海的平氏。这是忙于处理义仲手下人乱暴行为的院,找了个借口把义仲赶出了京都。从义仲的角度来看,成功进行平氏追讨是他唯一的活路。但是,这次义仲军队要进行的是他们所不习惯的海上战斗,而且义仲还与后白河有对立,站在他这边的武士也很少。之后的闰十月一日,义仲在备中国水岛(今冈山县仓敷市)被平氏军队大败,并且失去了手下的得力武将矢田义清(足利义康的儿子)。

平氏盘踞在西国,京都又有义仲军队的乱暴行为,对于朝廷来说,最后能依赖的就只有赖朝了,自然,希望他上京的声音逐渐大了起来。利用义仲出征不在京都的空隙,后白河开始了与赖朝的紧密交涉。

与后白河的交涉

虽然说是唯一的依靠,但是正如九条兼实记载的"难知赖朝之贤愚"(《玉叶》九月五日条)一样,贵族们之间也有对赖朝的不安。另一方面,赖朝被义仲抢先一步进入京都,依然是谋反者的身份,再加上安田义定等人加入了义仲的阵营,他应当也抱有强烈的危机感吧。

也是由于义仲不在京都,赖朝和后白河的交涉有了进展。之前作为院的使者前往镰仓的中原康贞,向赖朝赐予了"非常多的礼物",并且在九月末回到了京都(据《玉叶》十月一日条)。延庆本《平家物语》记载,其中还有"驮三十疋(运输用的马三十匹)"这种数量巨大的礼物。接待了院派来的使者的赖朝,虽然表现出了欣喜,但是同时也能感受到危机感。《玉叶》十月二日条记载了赖朝上奏的请求。赖朝写到,第一,平氏离开京都是神佛保佑,请求将平氏占领的神社和佛寺的领地返还给他们;第二,也应当将平氏占领的院宫诸家的领地返还给他们。虽然我们不知道这些返还的土地,到底真的是平氏掠夺到的土地,还是意指平氏政权支配的所有庄园,但是,在十月宣旨中,平氏支配的所有庄园、公领的年贡和贡物都被要求上交给朝廷。另外,赖朝还写到,第三,与朝廷约定,免除投降的平氏方武士的处刑。得知了这些的兼实,记下了"一一申状,与义仲等不等(赖朝的每一个请求,都是义仲所不能比的机智)",对赖朝做出了高评价。

之后的《玉叶》十月九日条记载,兼实是通过静贤法印得知了赖朝派来的使者所提出的几个请求。静贤是信西的儿子，也是得到后白河深深信赖的僧人。他向兼实传达了从院的周边所得到的情报。

根据上述记载，我们可以得知赖朝没能马上上京，是由于东国的藤原秀衡和佐竹隆义的威胁，以及京都没有办法负担大军上京所带来的粮草消耗。另外，赖朝还表达了对志田义广进入京都，以及义仲怠于讨伐平氏、即使他让京都大乱却依然得到了赏赐几件事的不满。后者中也包含着赖朝对自己与义仲相对的依然被当作谋反者的不满。

为了回应赖朝，后白河在九日的小除目（临时进行的小规模的除目）上，恢复了赖朝之前从五位下的官位。赖朝在平治之乱后，一直作为谋反者被夺走官位，即使是平氏离开京都后还是困在谋反者的身份上，但是经过了二十多年，赖朝终于能够洗清自己身上的污名了。

言归正传，在与兼实的对话中，对于赖朝，静贤有如下有名的发言：

> 赖朝之形态（状态），威势严肃、其性刚烈、成败分明、理非决断。

当然，这评价中也有来自传闻之处，但这是赋予赖朝其人和其个性强烈印象的话语。这种话语可以说是直观展现了赖朝在东国的战乱中独占鳌头地胜利，将一众御家人收归手下，充满着威严和自信的姿态。另外，这应当也是表达静贤对性格不同于虽然勇猛，但是距离"理非决断"还差很远的野蛮人义仲，以及虽然斯文，但是优柔寡断，绝不是"威势严肃"的平宗盛的赖朝的期待。

即使是最初对赖朝抱着怀疑态度的兼实，也全然信任赖朝，变得期待他上京。上述交涉的结果，是十月宣旨的下达。

4　十月宣旨与东国的支配权

十月宣旨的下达

关于下达十月宣旨的记录，不见于《玉叶》等一些日记中，《百练抄》的寿永二年（1183）十月十四日条有记载"东海、东山诸国年贡，神社、佛寺并王臣家领庄园，如者，宜应随领家，下宣旨。据赖朝之申行也"，这是古记录类书籍中与下旨有关的唯一记载。

自起兵以来，被置于赖朝支配下的东国的庄园，被从庄园领主的支配下分离出来，没有再交纳年贡。根据赖朝的申请，东海与东山两道年贡上交恢复如前。

另外，《玉叶》十月二十二日条有"若有不服之辈，应报赖朝处置"的记载，指若有不遵从宣旨的人，由赖朝来进行处罚。综合上述记载可知，宣旨之后，在内乱所导致的国长官不到位的状况下,东海和东山两道的庄园和公领应该交纳的年贡和贡物,将由赖朝统一征收,再运往京都,违反者将由赖朝进行处罚。据此,赖朝不但掌握了军事和警察权,还获得了对国衙在厅的命令权,以及东国的行政权,并且可以说在事实上获得了支配东国的权力(佐藤进一)。

赖朝在恢复了官位后,还得到了朝廷承认的公权力,如此,赖朝与义仲一样成了官军,他终于能够和义仲有同等的地位了。在此之前,义仲有将平氏逼到放弃京都这一巨大的武勋,并将赖朝也控制在贼军的立场上,自己成了唯一的官军。因此,和八条院有联系的行家、义广,还有安田义定这样的河内源氏一门内的武士,包括摄津源氏等在京都周边活动的军事贵族们都跟随着义仲。大概这也在很大程度上动摇了东国武士吧。仅仅从这一面来看,获得官军的地位一事就有重要的意义。

另一方面,从朝廷的角度来看,为了讨伐极度残暴的义仲,以及作为讨伐平氏的军队,赖朝上京是不可或缺的。另外,西国被平氏占领,北陆和畿内被义仲把持,当时虽然已经到了秋天,但是这些地区庄园和公领都很难交纳年贡,因此朝廷无论如何都必须确保东国的年贡和贡物。就此,朝廷想以交纳东国的年贡为名让赖朝上京来实现一石二鸟的目的。

交纳年贡相当于承认对庄园领主的"榨取",因此宣旨

也被有的人解读为是赖朝的让步。但是，赖朝已经进行了
对伊势神宫和大庭御厨的供奉（据《吾妻镜》养和二年二月
八日条），以及返还延历寺的庄园的交涉（据《玉叶》治承五
年六月四日条），他不可能拒绝交纳年贡。镰仓幕府也继续
着庄园、公领制度，并且持续向京都交纳年贡。庄园和公领
重新开始上交贡纳一事，是已经决定好的计划。在征收年
贡时，庄园领主的权威是不可或缺的。

赖朝的不满

　　正如高桥典幸所指出的一样，除了像藤原秀衡和安田
义定那样被补任国长官，像赖朝这样获得朝廷认定其权限
的、能够实际支配某个地区的，前无古人。赖朝被朝廷赋予
了对东国的巨大权限，朝廷承认赖朝权力的这次宣旨，自不
必说，对于幕府成立来说是一个巨大的里程碑。但是，如果
我们去考虑当时赖朝实际掌握的权力，就不能轻易断言这
份宣旨意味着镰仓幕府的成立。

　　首先，从幕府是全国政权这一面来考虑，仅仅承认赖朝
对东国的权限的宣旨，不能表明幕府的成立。不止如此，在
这个阶段，赖朝的势力所能到达的范围也是十分有限的。
虽然说被赋予了东海和东山道的支配权，但是赖朝实际支
配的不过只有以南关东为中心的几个国。东山道的话，西
端的美浓和近江，还有平泉藤原氏支配的奥羽两国，都是赖

朝的影响力所完全不能及的地方。另一方面,在东海道,像甲斐源氏控制的甲斐、骏河、远江以西等地一样,赖朝的影响力基本达不到的地域也有很多,所谓"东国支配权"不过只是名义上的而已。

此外,关于宣旨中赋予赖朝的权限持续到什么时候这一点,也需要进一步探讨。赖朝在寿永三年(1184)二月的一之谷之战刚结束后,向朝廷请命,希望被任命为东国的长官,并且希望能实施"吏务",即征税。还有在源平争乱结束后的文治元年(1185)以后,在赖朝知行国以外,贵族们被补任为国长官。从这一点来看,赖朝对国衙和在厅官人的指挥权,可能只是他被任为国长官之前的暂时性权限。

赖朝自己也对这份宣旨抱有不满。根据《玉叶》十月二十四日条,赖朝对于宣旨的内容大怒,甚至放话说要"虏掠"美浓以东的地区。所谓虏掠,意味着非法占据,也意味着不将这些地域的税收进贡给朝廷。让赖朝愤怒的最大的问题在于,最初被视为赖朝权力范围内的北陆道,突然被排除了出去。

北陆道被排除的原因,自不必说,是来自以北陆道为大本营的义仲的愤懑。义仲在水岛之战败北后回到京都,介入了后白河与赖朝之间的交涉。之后,义仲甚至将北海道也曾在宣旨范围内一事称作"生涯之遗恨"(据《玉叶》闰十月十七日条)。被义仲的愤怒吓到的后白河将北陆道从宣旨中删除了。

　　赖朝执着于自己的权力所不能及的北陆道的理由是显而易见的。若北陆道也归于赖朝的管辖之下，实际支配着北陆道的义仲就只不过是赖朝的代官。北陆道问题反映了围绕着源氏嫡支所产生的对立，对于抢先进京确立了优势地位的义仲，赖朝有想要一口气反转局势的意图。北陆道问题的背景是赖朝对于义仲目前被置于优越地位的忧虑，也有无法轻易进京的苦衷。

　　但是，随着北陆道从宣旨中被剔除，赖朝的主张被否定了。既义仲进京时的功勋问题之后，赖朝的运作再一次失败了。在此之后，赖朝为了巩固自己身为源氏嫡支的地位，为了不再受到其他势力的威胁成为唯一的官军从而使自己的地位稳定，必须尽快上京，打倒义仲。

第五章 赖朝军队进京
——控制京都与畿内

1 上京时的矛盾

义经出发

    源义经其人第一次在公家的日记中登场，是在《玉叶》寿永二年（1183）闰十月十七日条。在这一天，水岛之战中败给平氏军队、逃回京都的木曾义仲与后白河会面。义仲绝不承认自己是战败逃走，而是苦苦解释说，"赖朝之弟九郎"（不知其大名）作为大将军企图率领数万军队入京，自己只是为了防止大军进京而班师回朝。虽然义经带着军队从镰仓出发是事实，但是这军队恐怕并不能称为大军。

据《玉叶》同月二十二日条可知，传言中，义经虽然到达了伊势，但是他的目的并不是追讨义仲，而是将十月宣旨传达到各地。之后的十一月七日条中记载，赖朝的代官到了近江，但是只率领了五六百骑的小规模的部队，应当不是以打仗为目的，义经被当时的人当作进献赖朝给院进贡物品的使者。先不说义经的目的，毫无疑问义经一行人是接受了十月宣旨才从镰仓出发的。随行的人中，有从京都来的官人中原亲能（后人认为他是大江广元养父的亲生儿子）。

虽然一时间也有谣传称赖朝要亲自离开镰仓上京，但是这件事并没有实现。没有实现的原因应当是粮草有限（据《玉叶》十一月二日条），但是并不单单是因为这样。在当时，由于赖朝的很多郎从转投秀衡，因此有传言说秀衡察觉了赖朝军队内部的动摇因而已经与义仲联盟了（据《玉叶》闰十月十七日条）。虽然我们不能确定这传言的真伪，但是，由此我们可以窥知，在志田义广之乱后北关东依然还处在动摇中，秀衡对赖朝还有很大威胁。

另外，控制着进京的通道——远江的安田义定也与义仲的立场更接近，有阻碍追讨义仲的军队通过的危险。以及，根据《愚管抄》的记载，发生了上总介广常反对上京后被杀害的大事件。先不说广常被杀害的真相，事实上，即使是在赖朝的手下中也有仍然反对上京的势力在运作吧。派遣小规模的义经一行上京，是赖朝苦苦纠结后的抉择。

在义经一行人尚未能入京，滞留在伊势、近江附近的时候，在京都，后白河与义仲间的关系恶化了。这是后白河重视赖朝、颁发十月宣旨之后，必然会导致的结果。在跟随着义仲的武士中，行家以及京都周边的军事贵族们也开始与义仲划清界限，转而支持院。十一月八日，后白河支持派的核心人物行家出京追讨平氏，但是后白河在院御所法住寺殿上召集了军事贵族和恶僧等武装势力，持续挑衅义仲。之后，义仲终于攻击了后白河。

法住寺合战

寿永二年(1183)十一月十九日，义仲的军队袭击了法住寺殿。曾经在激战中取得胜利的义仲军队，当然是缺乏实战经验的恶僧和京都周边的武士们所不能敌的，后白河方大败。合战之后，不只是后白河方的武士们，还有去祈祷的天台座主明云、园城寺长吏圆惠法亲王等当时处于佛教界顶点的高僧们也惨遭杀害，这在当时是前所未有的事态。再加上圆惠是后白河的第四皇子(法亲王指在出家后被封为亲王的皇子)。通过这件事，轻视王朝权威的义仲的态度已经明了。

但是，义仲并没有全面否定王朝的权威。他并没有像清盛一样将后白河从政治中排除，而是将其置于自己的监视下，并让其随着自己的心意想法来施政。虽然说义仲已经放弃了通过拥立北陆宫左右王权的想法，换句话说他其实是利用后白河的权威，让自己的主张通过院的命令去传达，企图将自己的行为正当化。义仲并不是像清盛一样树立新的王权，而是用武力威胁使王权从属于自己。

义仲解除了很多院近臣的官职，反而自己来担任院的亲卫队长，坐上了平氏曾经就任过的院御厩司的位置，将院置于自己的全面军事控制中。除此之外，他还与前关白松殿基房联手，将与院更亲近的摄政近卫基通免官，而让基房的儿子、年仅 12 岁的师家就任摄政，作为已经出家因而无法担任摄政的基房的代理。

义仲利用后白河发布了一道又一道追讨赖朝的命令。《吉记》记载，据院厅下文，义仲在十二月十日下令追讨赖朝，十二月十五日又命令镇守府将军藤原秀衡率领奥羽的军队攻打赖朝。转年的寿永三年（1184）正月一日，义仲为了追讨赖朝，自己就任征东大将军。但是，由于被控制的后白河发出的这些命令明显是受义仲强制而发出的，因此反而招致了很多武士们的反弹。

如前文所述，义经所率领的仅是少量的赖朝军队，直到法住寺合战发生之前，对于事态的发展都还持观望的态度。但是，十一月二十一日收到合战的报告后，以平信兼（伊势平氏的旁支，被赖朝讨伐的平兼隆的父亲）和伊势的居民为首，很多武士加入了义经，义经的军队迅速膨胀（据《玉叶》

十二月一日条)。法住寺合战,以及义仲在之后蛮横的行动,就是为他自己掘下的坟墓。

　　值得一提的是,《百练抄》正月十一日条,以及《吾妻镜》正月十日条都记载义仲就任了"征夷大将军",但是《玉叶》十月十五日条却作征东大将军。通过《三槐荒凉拔书要》我们可以确定,"征东大将军"才是正确的记载(樱井阳子《围绕赖朝的征夷大将军任官》)。

上总介广常被杀害

　　我们一般认为,法住寺合战的战报于十一月中传到了镰仓。之后很快,在寿永二年(1183)十二月,发生了让镰仓震撼的大事件。帮助赖朝成功举兵的大功臣上总介广常,在镰仓的御所内被侍所所司(侍所的次官)梶原景时杀害。这应当是赖朝接受了营救由于发生法住寺合战而被监禁的法皇后白河的请求后很快发生的事。

　　关于广常被杀害的事件,《吾妻镜》中没有相关的记载,因此《愚管抄》的记载成了唯一的线索。在本书的开篇也有叙述,建久元年(1190)十一月,赖朝实现了举兵之后第一次上京,与后白河会面了。赖朝面对后白河,是如下文这样解释广常被杀害的始末的。

　　虽然广常在举兵之时立下了大功,但是动不动就对赖朝说"为什么对于朝廷的事情要如此没有底线地上心呢?

我们现在在关东可以随心所欲，难道要想强行找谁来制约我们的行动吗"①。由于广常是这种站在否定朝廷的立场上、有谋反之心的人，因此赖朝命令梶原景时杀了他。

从这些记载来看，可以将这次事件理解成广常希望东国能够独立，反对赖朝军队进京，因此被赖朝肃清。在此之后赖朝很快就让范赖带着大军上京了。佐藤进一将其解读为镰仓幕府内部以赖朝等人为首的进京勤王派，与以广常等人为首的坂东独立派之间对立的结果（佐藤进一《日本的中世国家》）。虽然事件的真相依然不明，但是我们至少可以肯定，从当时的时机来看，时间的背景中有围绕赖朝军队进京问题的矛盾。大概广常对于大军的上京表示了不赞同，阻碍了赖朝的构想是事实。在这个事件中，不只是广常本人，他的嫡子能常也被杀害，上总介氏本家就此灭亡。

但是，据《吾妻镜》寿永三年（1184）正月十七日条，被怀疑有谋反之心的广常实际上是冤罪，赖朝是由于误解了他才将他肃清的。这份记载一方面模糊广常被杀害的真相，一方面还叙述了虽然广常本人被杀，但是他旁支的一族和手下都获救了。广常是冤罪这件事意味着赖朝回避对广常的族人和手下等人的处罚，将他们重新编入千叶氏等人的

---

① 作者原文有引用记载广常说法的古代日语原文，并翻译为现代日语。此处仅对作者翻译的现代日语部分进行翻译。本章第三节论述的赖朝的奏请部分同。

手下。

根据《吾妻镜》的记载,在赖朝举兵之时,广常组织了两万的大军,是赖朝手下的将军中能够独自动用最多兵力的人。广常的立场近似于半独立的同盟军,如果没有获得广常的同意,作战计划应该很难实行。由此可知,赖朝肃清了广常的实力,并且为了将他手下的军队收为己用而对他们进行了重新编组。次年元历二年(1184)六月,和广常一样作为赖朝同盟军的甲斐源氏嫡支的一条忠赖被杀害,他的父亲信义也在事实上失去地位,这两件事情类似。

赖朝举兵以来拼拼凑凑而成的军队,被逐渐改编为以赖朝为最高权力者的军事集团。在其中起到了关键性作用的是梶原景时。虽然说是出于赖朝的命令,但是景时接过了之后被指责为杀害清白之人的"恶人角色"。这是由于景时已经向赖朝尽忠,并且已经到了作为侍所的核心、控制其他人与赖朝的主从关系的重要位置。

说一千道一万,广常都是举兵时最大的功臣。杀害广常,如果被查明是冤罪,那么赖朝的军队就有分崩离析的危险。不过,当时特意选取了暗杀的形式。暗杀的背景是我们需要思考的问题,可能摆脱了谋反者的身份,再加上自己的地位稳定下来,给了赖朝底气。另外,在肃清广常后军内没有发生很大的动摇,这一点也表现出了广常一族内部有纠纷、他的势力和当地的势力有隔阂等自身地位的脆弱。

赖朝应当是掌握了广常的这些弱点。可称之为赖朝的间谍组织的杂色（福田丰彦《中世成立期的军制与内乱》）归侍所领导，因此当时景时可能已经开始收集诸如此类的情报。

义仲灭亡

在广常被杀害后，范赖率领的赖朝军队向着京都前进。《玉叶》寿永三年（1184）正月五日条记载的赖朝军到达了美浓国墨俣（今岐阜县大垣市），应当就是指范赖率领的军队。这一行人与义经所率领的先遣部队汇合了。

由于赖朝军队逐渐接近京都，有传言流出，称义仲已经与平氏军队讲和、与后白河联手一起对付赖朝。但是，义仲往近江派遣郎从之时，赖朝的军队已经达到了"数万"，因此义仲放弃了正面对战，而是转而巩固京都的防御（据《玉叶》正月十六日条）。赖朝军队迅速扩大的一个原因，自不必说是从镰仓而来的增援。

然而，赖朝必须冒险强行肃清广常的势力，但是其实平泉藤原氏和佐竹氏的威胁、军粮问题等方面没有发生根本性的变化，因此援军的数量也有限。参与一之谷之战的源氏军队应当只有两三千左右（据《玉叶》寿永三年二月四日、六日条），从这里也能看出范赖军队的上限。赖朝军队扩大的背景是如前文所述的平信兼、伊势的平氏家臣，以及曾经站在义仲方的安田义定、清和源氏旁支的苇敷重隆等军事贵族的加入。这同时也意味着义仲军队人数的减少。

寿永三年（1184）正月二十日，从宇治出发直指京都的义经在宇治川之战中击溃了之前与义仲汇合的志田义广率领的军队，很快进入了京都。之后，义经等人带兵进入了院御所六条殿，救出了后白河。军队的先头，是前一年年末打倒了广常的梶原景时（据《玉叶》）。

义仲想要绑架后白河法皇前往北陆，但是失败了。义仲在逃亡的途中，于近江国粟津（今滋贺县大津市）被追讨军杀死，享年31岁。义仲占据京都不过仅仅半年多，通过法住寺合战控制后白河也才过去了两个月。义仲的灭亡，意味着赖朝支配东国的权力，以及作为河内源氏嫡支的地位再也不会动摇。

根据《吾妻镜》记载，成功讨伐义仲的战报于正月二十七日到达了镰仓的赖朝手中。安田义定、源范赖、源义经，以及一条忠赖分别派了飞脚①向赖朝传信。这也体现出在那时，赖朝的军队依然没有明确的统一指挥的大将军，而是与甲斐源氏混编的军队。

与使者们向赖朝汇报的没有重点的报告相对，梶原景

---

① 中世左右开始出现的传递信件、金钱或货物的职业。传递的速度有不同。

时的飞脚将被讨伐而死者、被俘虏者等均记录在册，进行了有序的报告。其中我们能够明确地看出，在管理仍然存在混乱的军队之中，身为侍所所司管理远征军的景时的风貌。既肃清广常之后，以景时为基础，赖朝的军队逐渐被有序地管理了起来。

等待着打倒了义仲的赖朝军队的，是从赞岐国屋岛（今香川县高松市）发兵夺取了福原的平氏军队。平氏的先遣部队已经在正月八日到达福原，之后带着安德天皇的大军也于二十六日到达。在京都流传着平氏将于二月入京的传言。朝中也分为了两派——是率军击退平氏呢，还是优先确保神器的安全、与平氏进行和平交涉呢？

2　一之谷之战与控制畿内

是和平谈判，还是进行追讨

是追讨在福原登陆的平氏军队呢，还是优先考虑天皇以及神器的安全、进行和平交涉呢？朝廷的贵族们分成两个阵营讨论这个问题。甚至一时间还有派遣上文提到的信西的儿子、僧人静贤为使者进行谈判的计划。与此相对，以院的近臣坊门亲信、平亲宗、藤原朝方为中心的贵族们则主张出击追讨平氏（据《玉叶》正月二十七日、二月二日条）。其中，坊门亲信是后鸟羽天皇的母亲七条院殖子的叔叔，作为后鸟羽的叔爷爷,他当然会排斥威胁后鸟羽皇位的安德回到京都。

与此相对,被视为"赖朝代官"的土肥实平、中原亲能等人,赞同和平的提案(据《玉叶》二月二日条)。讨伐义仲的战争胜利的报告在二十七日才到达镰仓,因此即使收到战报的赖朝发出了与平氏一战的指示,当时应当也还没有送达。由此,赞同和平谈判,应当是实平和亲能自己的想法。虽然这可能是和平谈判派的九条兼实一厢情愿的想法,但是考虑到长距离的行军、与义仲军队冲突后的疲劳和战损、之前帮助义经进京的平信兼及伊势的平氏家臣们的退出,实平等人很可能主张和平谈判。

原本赖朝的代官是他的弟弟范赖和义经,但是之后代表赖朝军队与朝廷交涉的却是实平和亲能,这一点非常耐人寻味。亲能是来自京都的官人,自然很适合担任交涉的工作,实平可能也有在京都活动的经验。我们能从中窥知赖朝对这二人的信任,反之,对于原本作为代官的范赖和义经来说,他们都是成年后首次上京,可能难以胜任与朝廷交涉的工作吧。

但是,在院的近臣们的强硬态度下,朝廷派出了追讨使。院近臣们主张的背后,是主张追讨平氏的后白河的强烈意志(据《玉叶》二月二日条)。在后白河的心中,还留有对曾经的鹿谷事件,以及后来被迫停止院政的治承三年政变,还有被宗盛否定自己的权威等事件的愤恨。再加上后白河还担忧自己在前一年平氏离开京都时逃脱会招来平氏的报复,最担心的还有掌握着神器的安德回到京都、后鸟羽继承皇位被否定,继而导致推举后鸟羽即位的后白河的院政崩坏。后白河无论如何都必须阻止平氏回到京都,与平氏进行和平谈判是不可能的。

军队的实际状况

根据《吾妻镜》寿永三年(1184)二月五日条记载,范赖和义经带领的赖朝军前往摄津国后,兵分两路。负责正面攻击的大将军是范赖,他带领的军队是小山朝政及其他五万六千骑;另一方面负责攻打敌军后方的大将军是义经,他率领着安田义定及其他两万骑。在赖朝的两位代官手下,竟然组织起了七万六千余人的大军。如果我们采信《吾妻镜》的记载,则能够得知,在范赖和义经这两位同门的大将军手下,赖朝军已经被有序地整编在一起。

但是,据《玉叶》二月四日条记载,平氏军足有数万,还有传言说镇西的援军也已经到达,与此相对,对兵分两路的赖朝军的记载则是各一两千骑;在六日条又称总共也只有两三千骑。九条兼实认为平氏方有压倒性的优势,甚至写下了"天下之事大略分明",已经预想到了平氏的胜利(据《玉叶》二月四日条)。不必说,《吾妻镜》所记载的七万六千这个数字是虚构的。

赖朝军在上京之时,范赖于墨俣渡与御家人争先而被赖朝斥责(据《吾妻镜》二月一日条),可见大将军对军队的控制是不完全的。再加上安田义定带的兵士是从范赖和义经处独立出来的军队,从《吾妻镜》二月七日条的记载也能够明白,当时赖朝军与和义仲对战时的一样,是混编而成的军队。

但是,与兼实的预想相反,二月七日的战役中是源氏取得了压倒性的胜利。平氏一门的许多人战死,军队只得败走屋岛。源氏胜利的原因之一,是之后宗盛也不得不称之为"奇谋"(据《吾妻镜》二月二十日条)的后白河的策略——后白河称准备派遣使者与平氏进行和平谈判,因此平氏大意了。

在实际的战役中有重要意义的是从山手开始最先展开突击的摄津源氏多田行纲的奇袭(据《玉叶》二月八日条)。《平家物语》中被当作义经的功劳的"鹎越的降落"就是以行纲的奇袭为原型的。诸如行纲这样的畿内武士,有的曾经遭受平氏的压迫,有的之前攻击了离开京都的平氏而害怕被平氏报复。他们自身抱着战意与平氏战斗,这也是源氏方胜利的一个原因。

关于"鹎越的降落"到底是不是义经立下的战功,我们要先打一个问号,但是义经攻下了平氏军队西边的关门——一之谷,他的功劳当然是巨大的。另外,根据《平家物语》的记载,范赖率领的正面战场军队,也有很多武士活跃,例如舍命求战功最后拔得头筹的河原高直、盛直兄弟,以及两次首先攻入敌阵而受到赞赏的梶原景时父子。从负责管理军队的主从关系的梶原一族也率先投入战斗一事我们可以看出,在赖朝军队内部已经渗透了追求新恩给与的意识。

一之谷之战的胜利与之后的课题

赖朝军、安田义定军,以及畿内的武士们都各自竭尽全力,最终赖朝军团大胜。原本战役爆发也是出于后白河的意愿,军团的组成也是交由当地决定的。还在镰仓的赖朝也是在对战役能否胜利没有把握的情况下获知了这样的结果。

不过,一之谷战役的胜利有极大的意义。不但平氏一门内的军事核心重衡(清盛的五儿子)成了俘虏,门内还有许多武士战死,平氏军就这样逃亡到了屋岛。在这种情况下,平氏想要重新回到京都,或者说送安德天皇回京变得十分困难,后白河院政得以稳定下来。对于赖朝来说,自从举兵以来就给他正当化身份的王权——后白河的地位保住了,他自己也就能安心了吧。

一之谷之战的结果是王权所在的京都和畿内被纳入了

赖朝军的支配之下。赖朝由此成为了守护后白河王权的唯一官军。从此之后,赖朝的权力就不只局限于东国,而是逐渐拓展到了全国。由镰仓幕府支持王权这种在镰仓时代公武并存的态势的雏形,至此确立。这意味着一之谷之战成了镰仓幕府成立过程中具有划时代意义的一个事件。

不过,在一之谷之战后,对于赖朝还残留着一个重大的课题。平氏虽然没有成功回到京都,但是受到了阿波的粟田(田内)成良等与源氏一方对抗的武士团的支援,仍然作为地方性政权在屋岛有很大势力,并且还保存着制海权。为了展开海战,赖朝不得不组织起西国的武士们,当时虽还处在饥荒中,也必须确保军粮供应。

另外,这次的胜利在很大程度上受到后白河的影响。以多田行纲为首的畿内武士团们明显是在后白河的动员下参战的。赖朝虽然打败了义仲和平氏,成了唯一的官军,但是后白河还有很大可能培养一个与远在镰仓的赖朝不同的新的"官军"。当然,这次潜伏的平泉藤原氏也有与后白河联手成为另外的官军的可能性。

在赖朝的军队内部,也有甲斐源氏的安田、武田这些具有强烈自主性的部队,如果长期远征、追讨平氏,赖朝必须要对组织进行重整和重编。意识到了这些事情的赖朝,向朝廷上书商讨今后的作战方针。

3 赖朝的奏请与战后处理

赖朝的四条奏请

战后，控制了畿内，并且成了维护后白河王权之人的赖朝，将他所直面的课题写成奏文上奏给了后白河（据《吾妻镜》寿永三年二月二十五日条）。《玉叶》二月二十七日条中所记载的赖朝上奏自己关于朝务的想法，应当就是指见于《吾妻镜》的四条奏请。九条兼实评价"人以为不可"，又记下了"赖朝若有贤哲之性，愈增天下之灭亡耶"这一担忧。

正如我在后文也会提到的，赖朝奏请的内容本身并不是院和贵族们所不能接受的。贵族们之所以没有表明"可为"，大概是因为赖朝介入了政务吧。再加上兼实所警惕的——赖朝如果"贤哲"（优秀）那么会增加天下的"灭亡"，其中也有对"天下"，即后白河的施政会被优秀的赖朝所超越的担忧。从另一个角度来说的话，兼实也是感受到了赖朝的才能。

所谓四条奏请，第一条是"朝务等事"，第二条是"平氏追讨之事"，第三条是"诸社之事"，第四条是"佛寺间之事"。由于这是我们能够察知当时赖朝想法的珍贵史料，因此我想要对其进行详细的探讨。

首先第一条，"朝务"，即以朝廷的政务为课题，赖朝提出朝廷应当首先进行一直以来的"德政"。所谓德政,除了指优秀的政治,还意味着回归过去。在这里赖朝请求朝廷像以前一样任命国长官,对象地域是为了追讨义仲而田地荒废、农民也逃亡脱离了土地的东山、北陆两道。赖朝认为应当从今年春天开始让农民返回土地,来年的秋天任命国司,施行吏务。

在源平争乱之中,东国的国长官之位常年空悬。赖朝这里提到的"吏务",指劝农和征收贡物。如果今年春天就让在战乱中逃亡的农民回田地,那么应当补任国长官,重新开始处理国务。虽然提出让朝廷来任命国长官是赖朝的"贤哲",但是赖朝插手本属于朝廷权限的国长官任命一事,贵族们当然会表示反对。不过,我们从这里也可以看出用武力控制了东国的赖朝的自信。

如前文所述,赖朝在前一年的十月宣旨中以帮朝廷征税为前提,获得了国衙和在厅的处置任免权,但是当朝廷任命了国长官之后,这个权力就要归还国长官。事实上,从文治元年(1185)以后,即使是在东国,除赖朝知行国以外的国,也是将一般贵族任命为国长官的。最终,赖朝在东国掌握了基本性的权限——军事和警察权。

追讨平氏与寺社对策

赖朝在第二条中叙述了自己对于追讨平氏的构想。首先，对于"畿内近国，号源氏平氏，携弓箭之辈，并住人等"，也就是指多田行纲这样的既跟随源氏一方也跟随平氏一方的京都周边的军事贵族，赖朝向朝廷奏请，希望能够命令义经带领他们来追讨平氏。赖朝想要让义经统率畿内的武士们，担当追讨平氏的重任，这其中的前提是义经和行纲在一之谷之战中的活跃。

行纲攻击山手的战役成了"鹎越的降落"这一逸话的原型，但是我们很难就此认定义经就没有战功。据《玉叶》二月八日条，义经"降落"在一之谷，是他攻破了平氏军队西面的关门，这是事实。再加上一之谷之战这个战役的名称的确定，也能够说明义经在一之谷的活跃，决定了合战最终的结果。

之后赖朝又提到："海路，虽不容易，殊应急追讨之由，所仰义经也。"义经将要攻打的对象是当时平氏的一个据点——安德天皇的御所所在的屋岛。赖朝这是命令义经迅速攻击屋岛。

之后范赖远征山阳道、追讨平氏的战争难以推进之时，赖朝对范赖下令，命其不要图快，而是包围平氏，将其降服（据《吾妻镜》元历二年正月六日条）。而义经却是通过闪电战攻下屋岛，通过坛之浦之战灭亡平氏的。因此，也有人认为义经的做法破坏了赖朝的构想。但是，义经领导的急袭屋岛其实是遵循了赖朝本来的方针。

在奏请的最后,赖朝写下了应当注意的话语。即,关于追讨平氏的恩赐奖赏,应当由赖朝统一向朝廷进行申请。这里所说的对功勋的奖赏,指院将官职作为对战功的奖赏任命给有功者。赖朝这是在断绝后白河通过赏赐与义经和京都周边的军事贵族们建立直接联系的可能。原本,如果为院效力的、担任北面之类官职的军事贵族们的赏赐也通过赖朝的推举而颁发的话,他们就会团结在赖朝的控制下,这表明赖朝想要管理所有守护王权的兵力。赖朝想成为支撑后白河王权的唯一官军。

与这件事相关联的,是义经的自由任官问题。义经不经过赖朝而擅自接受了后白河任命给他的检非违使、右卫门少尉的官职,这件事应当招致了赖朝的愤怒。关于这件事真实与否,我们在后文再详细分析。

赖朝奏请的第三条和第四条中,分别提到了神社和寺庙的问题,但是二者在内容上有很大不同。在第三条中,赖朝认为"我朝,神国也",强调应当重视神祇。这其中值得注意的是,赖朝向朝廷奏请,认为应当保护自古以来的神领(神社的庄园),并且对于像鹿岛神社这样有战功的神社应当进行新恩给与。由此,我们可以知道赖朝将神祇视作实际的战力。同时,赖朝还请求修理诸神社,并且不懈怠地尽神事。

与此相对,第四条中提到的内容则没有对佛寺的崇敬之心。赖朝提出,诸寺庙、诸山门既不交纳贡纳,也不进行管内的佛事,甚至还组织武装、放弃修行。赖朝认为这是非常严重的问题。赖朝还认为这些没有信佛之心的僧人们,不能主持朝廷组织的公家的仪式。更加值得注意的是,赖朝的命令中要求恶僧们解除武装。

如果我们回想旧事,会发现寺院武装在很久以前就已经不仅是进行宗教性的示威活动。义经介入了围绕世俗权力的斗争。以仁王举兵之时,园城寺和兴福寺的恶僧也一起参与了想要打倒平氏政权的战役。再之后的法住寺合战中,恶僧们也作为后白河的兵力参与了战役。

僧人们的力量也成了支撑王权的兵力,因此想要成为唯一的官军,总领所有守护王权的军队的赖朝,当然会希望解除寺院的武力。这与之后《御成败式目》①的第二条强调的应当崇敬寺院并且进行寺院修理有很大的不同。可以说赖朝奏请的背景中包括寺院势力有强大的战斗力,并且介入政治活动等那个时期独有的问题。

义经出征的延期

赖朝提出了由义经担任指挥官,对平氏的据点屋岛进行急袭的作战计划。义经原本预定于三月一日出征,但是

---

① 镰仓时代的贞永元年(1232)八月十日,由北条泰时制定的武家最初的法律,也称《贞永式目》。

突然延期了(据《玉叶》二月二十九日条)。有传言说这是由于朝廷要与平宗盛进行和平交涉,但是实际上宗盛拒绝了和平谈判(据《吾妻镜》二月二十日条)。一之谷合战中在后白河的"奇谋"下大败的宗盛,已经痛感自己与朝廷之间再也不可能走和平谈判的路了。

追讨平氏延期的原因是军粮问题。二月十九日,朝廷下令,禁止武士非法掠夺庄园,之后的二十二日,又禁止在庄园和公领征收军粮米(据《玉叶》二月二十三日条)。从之前养和年间的饥荒以来,平氏军队和义仲强行征收军粮,导致诸国的庄园和公领已经荒废了。如果非要追讨平氏的话,就还会在已经疲弊的畿内强行征收军粮。

由此我们能看出,如果强征军粮,不光会导致院和庄园领主们,还会导致前文提到的、赖朝希望加入追讨平氏大军的畿内周边武士们的强烈反对。可以说赖朝肯定会放弃强行出征追讨平氏。随着一之谷之战的胜利,畿内的战乱已经得到了控制,因此赖朝暂时中断了追讨平氏,转而建设畿内的支配体制。正如赖朝之前将东国经营优先于上京来考虑,这件事也反映了他慎重的行事风格。

根据《吾妻镜》二月十八日条的记载,赖朝向京都派遣了使者,命令他的手下护卫洛阳①(京都),并且守卫播磨、

---

① 指京都。日本又将京都称为洛都。

美作、备前、备中、备后五国。担当护卫洛阳任务的是义经，而负责守卫五国的是梶原景时和土肥实平。义经从这时一直到次年正月出征屋岛的将近一年的时间里都在京都，积极进行着制止东国武士侵占庄园等治安维持，以及充当后白河院与赖朝之间的中介。

另一面，播磨等五国是与平氏军队对峙的最前线，守护五国包括对平氏的监视，以及制止平氏军队的军事行动等，是具有重大意义的任务。在这五国中，播磨和美作由梶原景时负责，备前、备中、备后由土肥实平负责。从这里我们能看出赖朝对于在石桥山中救出了自己的这两位武将的深刻信赖，以及对他们作为武士的高评价。我们就此能够得知，在追讨义仲和一之谷合战结束后，远征军中受赖朝所重视的是义经、景时和实平三人。

对赖朝的赏赐

对于在追讨义仲和一之谷之战胜利中立下大功的赖朝，后白河征求了他对于颁发赏赐的建议。赖朝表示听从上意，并且辞退了所有过誉的赏赐，这是无论如何都显得像优等生一样的回答（据《玉叶》二月二十日条）。三月十八日的除目上，作为赖朝打倒义仲的赏赐，他得升官位正四位下（据《公卿补任》元历元年赖朝项尾附）。从之前的从五位下，跨越了从五位上、正五位上和下、从四位上和下的五个官阶,距离公卿只是一步之遥。

这样的晋升,是效仿天庆三年(940)三月九日,消灭了天将门的藤原秀乡从六位升到从四位下的先例(《百练抄》二月二十七日条,《吾妻镜》四月十日条)。秀乡和赖朝都是身在东国而出于军功被奖赏,这一点上二者也是共通的。

根据《吾妻镜》四月十日条记载,朝廷中也有是否效仿藤原忠文(在平将门之乱中被任命为征夷大将军)的先例将赖朝任命为征夷大将军的议论,但是由于赖朝还没有被赐予节刀(意味着天皇将大权交付给被赐予者,象征大将军的刀剑),因此错过了这个机会。根据《吾妻镜》建久三年(1192)七月二十六日条的记载,赖朝希望补任征夷大将军,在后白河去世后终于实现,这样的记载简直像是在说,之前赖朝没能就任是出于后白河的反对。

但是,前文也提到了的樱井阳子的研究(《围绕赖朝的征夷大将军任官》)指出,赖朝并没有特别拘泥于征夷大将军的名号,这并不是他自元历元年(1184)以来的愿望。另外,忠文是"征东大将军",并不是《吾妻镜》记载的征夷大将军,该记叙是不正确的。提及了这次除目的《玉叶》中就没有记载征夷大将军的问题。从这件事来看,《吾妻镜》中写到的关于征夷大将军的人事都值得质疑。关于赖朝就任征夷大将军的问题,我会在后文分析。

给赖朝的另外一个赏赐是平家没官领①。寿永二年(1183)平氏离开京都之后，平氏的土地就被朝廷没收，其中一部分被赐予了义仲和行家。赐予义仲的那部分自然后来又被没收，应当被赐予了赖朝。《吾妻镜》四月六日条记载，这些土地中属于平赖盛的部分被返还，因此可知这部分土地是在此之前被赐予赖朝的。赖朝在举兵后从敌方夺取的土地以及范围广大的没官领上设置了作为庄官的地头，确立了地头制。

整顿源氏一门

如前文所述，一之谷之战前的赖朝军队虽然是以代官范赖和义经为大将军，但是实际上是与同盟军甲斐源氏一起的混编部队。在上总介广常去世后的当时，正是有强烈独立性的甲斐源氏在制约着赖朝的军事行动，甚至在某些时候可能会成为对赖朝最大的威胁。一之谷之战后，赖朝逐渐打压甲斐源氏。

首先，据《吾妻镜》三月十七日条记载，甲斐源氏嫡支的武田信义的三儿子板桓兼信虽然也是源氏一门，但是被任命在守护备前等国的土肥实平手下，因而他表达了强烈的不满，认为实平只不过是御家人而已，要求成为实平的上

---

① 原本属于平氏家族的、在其没落和灭亡时被朝廷没收的庄园和土地。

司。赖朝拒绝了兼信的要求,表示职位的上下不由源氏血脉或御家人的身份决定,自己是出于实平坚定的忠诚以及作为眼代(代官)的器量而起用他的,表现出了与族人相比更重视心腹的架势。这件事意味着经过一次次的战斗,值得赖朝真心信赖的家臣已经出现。

之后,根据《吾妻镜》六月十六日条记载,在镰仓的西侍(侍所的一部分,位于御所的西面),一条忠赖被暗杀了。如前文所述,一条忠赖是武田信义的嫡子,在追讨义仲的过程中作为独立的势力参战,但是赖朝听说他"振威势之余,插乱世之志",因此伪装酒宴将其暗杀。由于一开始进行暗杀的工藤祐经下手失败,最终是田野远景动手杀了一条忠赖。这两人都是伊豆的强力武士。

如果我们遵从《吾妻镜》的记载,那就是认同重点在于忠赖傲慢所以被杀,但是事实上这肯定不是真相。与之前被杀的广常一样,虽然很遗憾我们也无法确定真实的原因,但是考虑到忠赖的父亲信义的谨慎,这无疑是赖朝在排除有强烈独立性的豪族。

赖朝之所以能够对甲斐源氏采取强硬的态度,是由于自己心腹的崛起和甲斐源氏的分裂。武田与安田两支的关系十分微妙,信义的弟弟加加美远光还有信义的四儿子信光都与赖朝更加亲近。也是出于兄长们的去世或没落,武田氏嫡支后来由信光继承。赖朝巧妙地分裂了甲斐源氏,使被孤立的武田氏嫡支走向没落。

安田义定虽然受到了优待——他后来被任命为远江守而获得了地位，在文治元年（1185）他的嫡子以资也被任命为越后守——但是很快他们的命运就急转直下。出于一些鸡毛蒜皮的原因，义资于建久四年（1193），义定于次年（1194）被赖朝相继肃清。如此这般，赖朝通过分裂和消灭主要势力，将甲斐源氏掌握在了自己手中（据木村茂光《赖朝政权与甲斐源氏》）。

在整顿一门势力之时不能被忽视的是义仲的嫡子义高的命运。如前文所述，在寿永二年（1183）义高被作为人质送到了镰仓，成了当时还年幼的大姬的未婚夫。但是，赖朝在消灭义仲之后，由于担心报复而想要杀害义高。虽然义高在大姬和女官的帮助下侥幸逃出，但是在五日后还是被杀害（据《吾妻镜》四月二十一日、四月二十六日条）。因为义高被杀害，大姬受到了精神上的冲击，之后一生都郁郁寡欢，最终早逝。

当时义高只有 12 岁，和平治之乱后出逃的赖朝只差一岁。赖朝可能是想起了自己对平氏的遗恨，还有内心强烈的报复欲吧。也可能是担心义高继承了军事天才义仲的天赋。但是，赖朝大概也没有想到，杀害义高使自己心爱的女儿大姬一生都陷入苦闷，甚至她的境遇还导致了重大的政治问题。

4　伊贺与伊势平氏的蜂起

伊贺与伊势的平氏家臣

元历元年(1184)七月三日,赖朝向后白河上奏请求让义经带兵出发征讨平氏(据《吾妻镜》)。各方在这时终于做好被延期了的追讨平氏的准备。但是,在此之后发生了谁也没想到的事情。据《玉叶》七月八日条记载,平氏代代相传的家臣、住在伊贺国鞆田庄的平田家继等人起兵,将伊贺国的守护大内惟义的郎从悉数杀害。惟义是信浓源氏的平贺义信的长子,根据《吾妻镜》记载,在当年的三月二十日成了伊贺国的守护。由于他的家臣中很多人被杀,因此毫无疑问,这是受他支配的平氏家臣的报复。

在家继起兵的同时,平信兼占据了铃鹿山,此外在富士川之战中担任过侍大将、以伊势为据点的伊藤忠清也参战了,蜂起成了从伊贺到伊势的大规模战役。这些平氏家臣袭击了近江,甚至展现出了要入京的势头。接到了举兵报告的后白河等人陷入了恐惧,开始了"院中警戒"(据《玉叶》七月八日条)。

举兵的伊贺和伊势的平氏家臣又是些什么人呢? 自从讨伐了平将门的贞盛的儿子维衡占据了伊势以来,他的后代一直以这里为据点活动。这也是伊势平氏之名的由来。

另外,在 11 世纪末,清盛的祖父正盛将辄田庄寄托给白河院庇护以来,伊贺也是平氏的一个重要根据地。从那时起,两国的平氏家臣就与平氏缔结了代代相传的主从关系。

蜂起的首谋家继是辄田庄的沙汰者(在当地管理庄园的庄官)平家贞的儿子,他的弟弟贞能与忠清一样也是作为侍大将处在平氏军制的中枢关节。伊势的伊藤忠清也是平氏代代相传的家臣,前文已经讲到过他担任侍大将和坂东的侍奉行。他正可谓是和他掌握的土地一起作为平氏代代相传的心腹,就算是上下级都已经换代,也依然继续着紧密的主从关系。从很久之前就有主从关系,并且担当重要职位这一点来看,他与江户幕府的谱代大名①有共通之处。

对于河内源氏来说,河内就是他们代代相传的家臣的居住地。但是,随着为义的没落和义朝在东国活动,他们与河内的关系变得淡薄了。之后,对成了流人而被剥夺了土地的赖朝来说,就没有这样代代相传的心腹存在,在我们考虑和赖朝缔结主从关系的武士时必须注意这一点。

小松殿一门的命运

伊贺与伊势的平氏家臣们,在平治之乱中就与平重盛一

---

① 大名,指大名主,是日本的古代末期至中世帮公领或庄园领主经营名田并上交贡纳的阶层。谱代大名是江户时代大名的一种,指在关原之战以前就跟随德川家康的大名。

起战斗,之后服务于重盛的后代小松殿一门的维盛和资盛。这件事决定了小松殿一门的命运。重盛是后白河的近侍,他的儿子、小松殿一门的维盛作为大将军在富士川和俱利伽罗峠之战中大败,使这一门的境遇恶化。因此,亲近后白河的资盛与宗盛等平氏嫡支保持距离,也并没有同自己的大叔父赖盛一起离开京都,而是向后白河寻求保护。伊贺和伊势的平氏家臣们也都留在自己管理的土地上,一门都没有前往西海。

赖盛的母亲池禅尼曾经向清盛求情救下赖朝一命,因此赖朝应当是将他保护下来,并且厚待他。赖盛由于害怕义仲,于寿永二年(1183)至次年元历元年间前往镰仓,并且受到了赖朝热情地款待。另一方面,重盛也作为池禅尼的使者,向清盛请求只将赖朝流放(据《平家物语》卷第十"藤户"、《吾妻镜》建久五年五月十四日条)。在这种情况下,赖朝可能会像放过赖盛一样放过小松殿一门。

因此,对于在《平家物语》第十卷中记载的已经从熊野出海的维盛,也有一种说法称他通过后白河托身于赖朝,只是在前往关东的途中去世(据《源平盛衰记》),并且还有传闻说他的弟弟忠房也想要前往关东,希望获得赖朝的庇护(据《吉记》四月二十八日条)。不止如此,甚至连伊势的平氏家臣等,也可能像前文提到的一样帮助了义经率领的赖朝军队进京,只是可能考虑到了主君的立场,而在一之谷之战中保持了中立。

但是,赖盛得救的原因并不仅仅在于他的母亲曾经请求清盛放过赖朝的性命。在平氏离开京都之时，后白河命令赖朝庇护赖盛，是出于与八条院之间的政治性联系（据《愚管抄》）。赖朝救援了后白河，之后也是出于有可能通过赖盛创造与八条院的联系，才接受了他。相反，后白河舍弃了资盛，因此赖朝没有帮助小松殿一门。

延庆本《平家物语》中写到，伊贺和伊势平氏是为了袭击被赖朝优待之后回京的赖盛而蜂起。虽然我们很难轻易相信这种说法，但是我们也不能否定，与赖盛受到的优待相对，小松殿一门所受到的冷遇是起兵的直接原因这种可能性。之前在尾张保护了赖朝和赖盛的家臣、可以说是赖朝恩人的平宗清拒绝前往镰仓，而是与西海的平氏汇合（六月三日条），这可能也与他是伊贺平氏出身这一点有关。

另外，当时平氏在山阳方面发起了反攻，攻破了土肥实平的军队，还将梶原景时置于股掌之间。如此，这些显示出源氏劣势的事件（据《玉叶》六月十六日、十七日、二十三日条）的发生，表明了平氏可能有东西夹击的计划。

成立谋叛人迹地头①

就算是从曾经的平氏军队中最精锐的部队组织叛乱这

① 谋叛人迹地头指在旧属谋反者的土地设立的地头。为方便理解，下文中均使用意译。

一点来看,镇压伊贺和伊势平氏的叛乱也不是一件容易的事。根据《玉叶》七月二十日和二十一日条的记载,反乱军在近江国大原庄附近与源氏一方的官军发生了武装冲突,经过一番激战最终败北,平田家继战死。但是,伊藤忠清及其他厉害的武士们逃走了,而且在官军中也有以大将军佐佐木秀义为首的数百人战死。根据《源平盛衰记》记载,杀害了秀义的应当是壬生野能盛,他在五月时被夺走了自己的土地壬生野庄(据《吾妻镜》五月二十四日条),由于失去土地而举兵。

此外,同时参与蜂起的平信兼和他的儿子们,也被他们曾经在其入京时帮助过的义经追讨。信兼的儿子在《吾妻镜》中被当作主谋,但是他是在造访位于京都的义经家时被谋杀的,因此他是否与事件有关,值得怀疑(据《山槐记》八月十日条,《吾妻镜》八月二十六日条)。赖朝通过发生在京都近郊的大规模蜂起感受到了危机,因此可能决定将与平氏有关的人一网打尽。

实际参与了举兵的人当然被讨伐,但是像平信兼一族这样不一定与举兵有关联、只是由于与平氏有关而遭到讨伐的人也不在少数。从此之后,赖朝和东国武士们将这些人逼到谋反,或者扣上有谋反嫌疑的帽子,剥夺了他们的土地。对于这些所谓谋反者的土地,赖朝像对待没收的平氏土地一样,将它们交付朝廷,并且在那些土地上设置了地头

（据川合康《镰仓幕府成立史研究》）。与平氏没官领一样，从元历元年（1184）开始，赖朝在旧属谋反者的土地上也设立了地头，但是这一次，可以说通过武力强行夺取这一武士特有的复仇式的色彩尤为浓厚。

在伊贺和伊势平氏的蜂起中，功臣佐佐木秀义被杀，这对于大内惟义来说是一个很大的打击。通过这件事，赖朝应当感受到了平氏残党所带来的巨大威胁。虽然信兼一族灭亡了，但是伊藤忠清等人下落不明，也为在京都的后白河和贵族们带来了深刻的恐惧感。负责追捕忠清等人的是义经。

第六章 平氏追讨
——义经与范赖

1 平氏追讨军出击

义经的"自由任官"问题

据《吾妻镜》元历元年(1184)六月二十日条记载,六月五日小除目的结果传到了镰仓。正如之前赖朝向朝廷申请的一样,平赖盛和他的儿子们官复原职,赖朝的妹婿藤原(一条)能保被任为赞岐守。在源氏门下,范赖被任为三河守,广纲被任为骏河守,义信被任为武藏守。虽然义经期待着自己的任官,但是赖朝却没有给他这个机会,因此在义经之前获得了官职的范赖还非常喜悦(据《吾妻镜》六月二十一条)。

　　《吾妻镜》的记载暗示了一之谷之战后范赖和义经之间的不和，但是在小除目上被任命为国长官的其他人与一之谷之战却没有关系。能保属于摄关家旁系的一条一支，算是中流贵族。能保成了赖朝同母妹妹的丈夫，因此之后受到了赖朝的重用。能保被补任为赞岐守也为之后义经在赞岐攻打平氏奠定了基础。

　　源氏门内被任为国长官的三个人中，骏河守广纲属摄津源氏，是以仁王举兵一事中兵败被杀的赖政的小儿子。赖政曾经成功升任为公卿，因此原本摄津源氏应当是武门源氏的代表。而且在赖朝还是流人的时候，当时是知行国主的赖政也对他有恩，所以赖朝推举广纲，应当是以此向赖政表示敬意。骏河是赖朝军从武田信义和一条忠赖父子那里夺来的土地。

　　武藏守义信是信浓源氏义光流的武将，称平贺一支。如前文所述，义信是伊贺国守护大内惟义的父亲，在平治之乱中曾经追随义朝，最后侥幸活命，生活在信浓。赖朝推举义信，可以说是由于义信帮助了自己的父亲，因此将他尊为一门的长老。从赖朝将武藏国这一要地交给义信这一点上，能看出赖朝对义信的深厚信赖。

　　这次的人事调动通过官位展现了源氏一门的地位序列，表明了作为兄长的范赖的地位比作为弟弟的义经要优越。赖朝重视官位，将其作为影射门内以及御家人地位的工具。由于义经没有获得官位推举，这里埋下了日后义经自由任官问题的伏笔。

据《吾妻镜》八月十七日条记载，义经被后白河任命为左卫门少尉，并被任为检非违使。义经声称获得任官不是自己的要求，而是后白河为奖赏自己的功勋赐予的官职，自己没有办法推辞。与此相对，对于义经在没有赖朝许可的情况下获得了任官一事，赖朝大怒。义经违背赖朝的意愿已经不是第一次了，因此赖朝决定延后追讨平氏。

在前文提到的四条奏请中，赖朝提出论功行赏需要通过自己的举荐，而这次义经的任官却违背了这一条。《吾妻镜》还记载，这件事是赖朝与义经对立的导火索。以前学界一般认为这样的人事变动是后白河的谋略。后白河笼络义经，想要将义经作为马前卒与赖朝对抗，而义经则没有理解赖朝的意愿，被后白河蛊惑，说明他在政治上十分无能。

但是，这种看法实际上并不成立。首先，义经在此之后仍然担当赖朝与后白河之间的传话人等重要职务。如果在赖朝来看义经不应该接近院，那么赖朝就不可能交给他这样的任务。其次，义经在之后还数次升官，九月十八日升官至从五位下，并在十月十一日（以及十五日）被允许升入院和皇居的大殿，成了殿上人（据《吾妻镜》元历元年十月二十四日条，文治五年闰四月三十日条）。

不只如此，次年元旦，在检非违使的正月祝宴上，因幡的目代（代官）款待了义经手下的看督长。也就是说宴会是因幡守筹备的，而因幡守正是赖朝的心腹——大江广元。

由此我们可以知道，赖朝并没有反对义经就任检非违使。另外，后白河面临的最大问题是追讨平氏，而在当时的阶段，西海还有平氏势力割据，后白河不可能煽动官兵内讧（引自菱沼一宪《源义经的合战与战略》）。

总之，关于义经推迟出兵的原因，《吾妻镜》的记载与事实不符。义经是为了追捕以伊藤忠清为首的、仍然潜伏着的伊贺和伊势平氏蜂起中的残党，才留在京都的。我们也能通过之后的屋岛一战中后白河以忠清的威胁为由制止义经出兵一事得到这个结论。

赖朝认识到了伊贺、伊势平氏蜂起的严重性，按照院的要求让义经留在京都，并且推举他做了检非违使。在这个时期，围绕着任官问题，赖朝与义经之间不存在对立。后面我将提到，在文治元年（1185）义经兼任检非违使引起了大问题，《吾妻镜》可能是混淆了这两件事。

范赖出兵

义经一直留在京都，与此相对，三河守范赖率领着北条义时、足利义兼、千叶常胤等千骑东国武士离开了镰仓，向西海进军（据《吾妻镜》）。范赖的出兵准备与义经延后出兵无关。正如我在前文中提到的，追讨平氏的任务由义经和京都附近的军事贵族承担，赖朝原本没有让范赖出兵的计划。那么，范赖和东国武士们又为何出兵呢？

　　大概赖朝考虑到一直以来的军粮问题，以及伊藤忠清不知潜伏何处，导致京都的治安也成了问题，所以判断义经很难在短期内出兵。另外，山阳道的总追捕使土肥实平和梶原景时的军队也陷入苦战。赖朝大概也是据此判断，追讨山阳道的平氏军队和出兵屋岛一样十分必要。

　　另外，伊贺、伊势平氏的蜂起也在很大程度上影响了事态。赖朝应当是深刻地感受到了在平氏一门之外，有可能谋反的人也有很多。可能正是由于这样，赖朝才判断当务之急是清理有很多平氏家臣盘踞的山阳道。同时，东国武士们也期待被补任为新收缴来的土地的地头，所以追讨平氏和他们对领地的野心不谋而合。东国武士们认识到离开自己现在所领有的土地进行远征，如果胜利会获得赏赐，因此纷纷响应。

　　范赖进京后，于八月二十九日接到了追讨平氏的官符①，于九月一日从京都开拔（据《吾妻镜》，及《百练抄》九月二日）。另一方面，义经也在八月二十六日接到了追讨平氏的官符（据《吾妻镜》文治五年闰四月三十日条）。与范赖的出兵几乎是在同时，义经确定了要攻打屋岛。义经和京都的武士们攻打屋岛，东国武士们则是从山阳和长门彦岛方向（今山口县下关市）出击，兵分两路追讨平氏。但是，忠清等人毕竟还未露面，义经出兵的日子被迫再度延期。

---

① 日本律令制下，下发的正式公文书。

我在前文也提到了,《吾妻镜》元历二年正月六日条所见的文书中,赖朝要求范赖军单独包围平氏军队令其投降,有些学者认为义经领导的闪电战破坏了赖朝的计划。但是,这种看法是不正确的。虽然赖朝原本计划从两方面攻击平氏,但是义经的出兵时间推迟了,因此后来范赖只得单独作战。赖朝让范赖包围平氏,这最多不过是单线作战时的权宜之计而已。

虽然范赖带领着东国武士离开京都,向山阳道方向进军,但是不管是养育了他的藤原范季,还是九条兼实,对于范赖上京都表示"不闻,不知"(据《玉叶》九月三日条),说明范赖的军队可能是分成几个小队通过京都的。

范季是藤原南家贞嗣流的学者型政治家,他的父亲是能兼。能兼的弟弟是信西,姑姑是源赖政的母亲,他自己的妻子是平教盛的女儿,他的儿子范茂的妻子是平知盛的女儿,他与源氏和平氏之间都有姻亲关系。另外,范季也是后白河的近臣,是右大臣兼实的家司,是与各方面势力都有联系的人物。范季养育范赖的时期和目的都不明,也不能确定他和赖朝有联系,但是范赖应当是担当了赖朝与院和兼实联合的角色。

言归正传,关于范赖,《平家物语》各版本中记载,他在藤户(今冈山县仓敷市)第一次与平氏交战并且获得了胜利,但是之后就怠于行军,在港口与妓女玩乐。不过,这明显是虚构的。《吾妻镜》十月十二日条记载,范赖离开京都一月有余,就攻破了平氏的一个重要据点——安芸国,在那里论功行赏,并且赏赐了安芸国的居民山方介为纲。范赖应当是受到了在镇守山阳道前线的土肥实平和梶原景时等人的支持,得以获得胜利。

《平家物语》的记载是为了突出在短时间内就让平氏灭亡的英雄义经,而一味否定在追讨平氏的过程中也出了大力的范赖。《平家物语》的这种春秋笔法,也同样用于描写平氏一门的部分,例如,书中将有能又沉稳的重盛与无能且轻率的宗盛对比,采取了非常极端的描写方法。而根据《吾妻镜》的记载,范赖军于十一月到达了平知盛的据点彦岛的所在地——长门国,直到那时,范赖的进攻速度都很快。由于山阳道的平氏方军队被消灭,对岸伊予的何野氏等反平氏势力的压力就大大减小。这导致的结果是,次年二月,平氏为了追讨何野通信派出了粟田教良(成良的儿子),平氏的兵力减少,义经就是抓住了这个空隙短时间内攻下了屋岛。

但是,以东国武士为中心的范赖军只有在陆地作战中才能获得胜利,而如果想要攻下彦岛,就必须要有能与平氏相抗衡的水军。范赖很难组织起这样一支水军,因此才长期滞留在长门。长门原本是平氏的知行国,在这里平氏有很大影响力,征收军粮也非常困难,因此范赖军进一步招致了当地居民的反感。

义经的婚事与整备幕府机构

在范赖远征之时,发生了京都和镰仓都应当注意的事。首先,根据《吾妻镜》九月十四日条记载,河越重赖为了完成女儿与义经的婚事,带领一族前往京都。书中称这是赖朝指定的婚事。重赖担任武藏国的在厅官人,是有力的武士,同时前文也提到过他是比企尼的女婿。也就是说,义经的妻子是比企尼的外孙女。

另外,根据《吉见系图》记载,范赖的妻子也是比企尼的外孙女。虽然不知道范赖成婚的时间,但是可知他的妻子是丹后内侍的女儿。丹后内侍是比企尼成为赖朝心腹安达盛长的妻子后,二人所生的嫡女。无疑,范赖由此与安达、比企氏的武士团之间产生了密切的联系。通过和与比企尼有关系的人联姻,赖朝想要强化门下与东国武士之间的关系。像安排范赖的婚事一样,赖朝希望义经也与东国武士联姻。从这里我们可以看到,在追讨平氏之时,赖朝为了将东国武士与自己门下的武士一体化,可谓煞费苦心。不过,河越氏在义经起兵造反后受到连坐,被逼到灭亡的境地。之后,失去了母家的重赖的女儿和义经逃到了平泉,她的命运与义经相同。

总之,包括在为赖家挑选妻子时一样,赖朝在为门内武士选妻子时非常重视比企一族,但是这并不意味着轻视北条氏。正如前文所述,赖朝弟弟全成的妻子是政子的妹妹阿波局,此外,足利义兼(据《吾妻镜》治承五年二月一日条),以及赖朝的犹子平贺朝雅的妻子都是时政的女儿(时政的后妻牧之方所生),这些都是和源氏有关的人与北条氏的联姻。另外,赖朝还促成了比企一族的朝宗的女儿(姬之前)与时政嫡子义实的联姻(据《吾妻镜》建久三年九月二十五日条)。从根本上来说,赖朝就是想促成比企氏和北条氏的一体化,包括为时政的外孙赖家选定比企能员的女儿(若狭局)做妻子也是为了这个目的。赖朝可能想要通过促成自己最信任的北条和比企两族的一体化,来创造像平氏方的伊贺、伊势武士团一样的家臣,并且期待这些家臣能够支撑镰仓将军家。

另一方面,在镰仓,十月六日在新建的公文所举行了吉书始①的仪式,二十日开设了问注所②(据《吾妻镜》)。由御家人控制的武治机关御所依然存在,与此相对,赖朝又设立了起草、发送文书的公文所和负责裁判的问注所这两个负责文治的政务机关。对此,我赞同目崎德卫(《贵族社会与古典文化》)的观点,即寿永二年(1183)十月赖朝脱离谋反者的身份之后,京都的很多官员都到了镰仓。

---

① 指在改元或一段时间开始的时候,选择吉日,总览所藏有关仪礼的文书的仪式。
② 镰仓幕府和室町幕府设置的管理诉讼事务的机关。

　　就任公文所长官别当一职的是中原（大江）广元。赖朝
起兵后很快就开始向各地下发文书了，但是负责这项工作的
其实是被称为"洛阳放游之客"的判官代藤原邦通等人。这
些人多数身份并不高，而且也不具备应有的处理公务的能
力。但是，《吾妻镜》寿永三年（1184）四月十四日条中记载，
在中宫供职的、官阶五位的官员三善康信到了镰仓，之后，担
任外记（太政官的职员，负责起草文书和调查前例等工作）
的、拥有广博学识和敏锐政治判断力的广元等许多官员纷纷
前往镰仓。最后，赖朝终于成功设置了文治的政务机关。

　　从京都来的官员中，起到最大作用的是中原亲能。亲能
成长在相模，被赖朝引为"知音"，曾经跟随权中纳言源雅赖。
在中原亲能的影响下，被视为是他异母兄弟的有能官员大江
广元也到了镰仓。另外，九条兼实与雅赖关系亲密，促使他
和赖朝建立联系的中介可能也是亲能。亲能很早就为赖朝
效力，在他的关系下，广元成了公文所的中心人物。可能和
康信出家也有关系，最后应当是广元成了问注所的执事（长
官）（据佐藤雄基《大江广元与三善康信（善信）》）。

2　持久战与闪电战

范赖军队的苦战与赖朝的回信

　　一路攻打到长门的范赖军队，由于战船不足，没能攻下

彦岛，只得在长门驻扎下来。但是，我在前文中也提到，长门曾经一直是平氏的知行国，那里的居民激烈反抗范赖的军队，范赖军不但难以补充军粮和其他物资，甚至连濑户内海的制海权都没能从平氏手中夺走。

关于藤户合战，《吾妻镜》的记载与《平家物语》的记载不同，前者记载的日期是元历元年（1184）十二月七日。藤户位于今仓敷市儿岛，佐佐木盛纲奇袭驻扎在岛屿上的平行盛（清盛的孙子）所带领的军队，攻破了城门。但是，由于范赖军没有战船，只能靠骑马渡海，从这里我们可以看出源氏一方在战船上的紧缺。此外，山阳道附近的儿岛之前被平氏占据，也说明平氏军队阻碍着源氏军的行进。这之后，一旦暂时由范赖军控制的山阳道被掌握着制海权的平氏夺回，源氏方将陷入十分危险的境地。

十一月十四日范赖向赖朝寄去的军报，在次年元历二年（1185）正月六日才到达镰仓，军报的递送花了将近两个月（据《吾妻镜》正月六日条）。这说明军报递送的过程中困难重重，仅是送一封文书都并不简单。在这样的环境下，一方面，缺粮导致军队迟迟不能展开攻击，另一方面，军中的东国武士们的士气也逐渐低下，甚至一半以上的人都想要回国。军粮的问题自不必说，其他还有战马的缺乏、当地居民的反感等问题，导致物资的调配更加困难。

在这样的状况下，才有了《平家物语》中将范赖贬低为无能之人的记载。原本范赖军就是要和率领水军攻击屋岛的义经军配合进行攻击的。范赖军停滞不前,也和义经推迟出兵有关。收到军报的当日,赖朝就给范赖寄去了回信。下面我想要探讨一下赖朝回信的内容(据《吾妻镜》同日条)。

赖朝在回信中,首先命令范赖不要与当地居民发生冲突,平稳地进军九州地区。这说明赖朝重视与地方势力的协调,从而使军队能够顺利征集军粮和其他物资。另外,赖朝还担心平氏阻碍马匹的补给,这一点也说明赖朝担心掌握着制海权的平氏会阻断山阳道的通行。

其次,赖朝要求范赖平安接回安德天皇和二位尼时子及其手下。在文书中,赖朝指出时子有可能带着安德天皇自杀,因此要求范赖保证二人的安全。这里比较有趣的一点是,在赖朝的认识里,由于木曾义仲和平氏都杀害了皇族,所以二人的冥加(神佛的加护)已尽。具体来说,义仲在法住寺合战中杀害了天台座主明云(属村上源氏,非皇族)和园城寺长吏圆惠法亲王,而平氏则是杀害了以仁王。

通过这里我们可以知道,比起神器,赖朝更加重视保护天皇等人性命。但是,当时朝廷的想法则是,比起能够替代的天皇本人,还是夺回神器更加重要。赖朝察觉了朝廷的这种心思,根据《吾妻镜》元历二年(1185)三月十四日条的记载,他之后又指示范赖,"贤所并宝物",即要求范赖夺回神器(据谷升《后鸟羽院政的展开与仪礼》)。

　　赖朝命令范赖以东国武士为"宗"(中心),与九州的势力联合,包围屋岛,尽快平息战事。当时参军的九州势力是指拥有水军的丰后国的绪方氏等的军队,赖朝命令范赖借用他们的力量渡海,通过交涉等迫使平氏投降。这是重视天皇等人安全的作战方针,由此,有一种看法认为义经的闪电袭击破坏了赖朝原本的构想。

　　但是,根据《吾妻镜》二月十三日条所记载的伊泽信光(武田信义的五儿子)的回信来看,次日条记载的、寄给当时在周防国大营中的范赖的文书里,赖朝命令范赖,如果难以渡海前往九州,就转而攻打屋岛,不许撤退回京。赖朝一方面命令范赖率领东国和九州的势力包围四国、让平氏投降,另一方面也考虑到了攻打屋岛的情况,赖朝的策略不是一成不变的。如前文所述,虽然按照赖朝原本的计划,应该由义经带兵攻打屋岛,但是义经还不知何时出发,所以如何攻打屋岛,其实还没有一个确定的方针。

范赖军前往九州

　　镰仓和九州之间路程遥远,也不可能任意通行,因此寄到赖朝手上的战报有相当长的延迟。不仅如此,战报错综复杂,赖朝的判断也可能已经赶不上当时的事态发展。赖朝虽然在正月六日给范赖送去了回信,但是在回信还没寄到范赖手中的时候，事态就已经发生了很大的变化。

　　据《吾妻镜》正月十二日条记载，虽然范赖军抵达了长门国赤间关（今山口县下关市），但是既没有战船也没有军粮，不能渡海，因此武士们的士气极端低下，就连原本应当作为侍所别当管理御家人们的和田义盛也表示出了想要回到镰仓的想法。但是，范赖军得到了丰后国的臼杵惟隆、绪方惟荣兄弟的支援，渡海成为了可能。

　　根据《吾妻镜》二月一日条记载，当日，渡海前往丰后的范赖军在芦屋浦打响了战役，成功讨伐大宰少二原田种直一族。原田氏是驻扎在九州的势力最强的平氏方武将，是曾经在天庆之乱参与讨伐藤原纯友一战的大藏春实的子孙。臼杵和绪方氏原本都是重盛的家臣，但是当时他们与原田氏以及附近的丰前宇佐氏等平氏家臣之间有深刻的对立。范赖军利用了九州的平氏家臣和非家臣之间的对立，打倒了九州的平氏方军队。

　　以原田氏为首，范赖在有诸多平氏家臣的九州没收了许多土地。而赖朝之前命令范赖不要与九州的居民产生矛盾，是因为有伊贺、伊势的先例，赖朝担心强行把九州的土地认定为谋叛人迹会导致纷争。

　　根据《吾妻镜》二月二十九日条记载，重病中的加藤景廉渡海的消息传到了镰仓。之后的三月二日条记载，飞脚传来战报，涉谷重国在芦屋浦之战中拔得头筹。在当时，从九州到镰仓的飞脚基本需要花费一个月的时间。在巨大的时间差下，发生了远超过赖朝判断的事态变化。赖朝在得知范赖军队到达九州的时候，实际上屋岛已经被攻陷，平氏也被迫逃到了彦岛。

义经的闪电战

权中纳言吉田经房的日记《吉记》的元历二年（1185）正月八日条记载，义经通过后白河的近臣大藏卿高阶泰经，向院请求出兵四国。贵族们认为，由于当时还有伊藤忠清等人不知所踪的威胁，义经应当自己留在京都，派手下出兵。就此我们可以推知，忠清还潜伏在不知何处才是义经留在京都的最大原因。

另一方面，义经则认为，如果范赖在两三个月后耗尽军粮不得不班师回朝，那么山阳道诸国的武士就会加入平氏一方，到时候就很可能导致极其危险的事态。平氏不但依然活跃，还掌握着制海权，从前文提到的赖朝的回信我们也能窥知，一部分武士已经转而加入平氏阵营。

经房指出，如果大将军不随军，那么就只是增加诸国的负担，不可能推进追讨的进程。但是经房这段话也是在影射土肥实平和梶原景时的战败，以及代替原本的大将军义经出征的范赖如今陷入苦战的状况。经房认为义经应当亲自带兵前往屋岛与平氏军队对决，他的发言中也包含着对于范赖通过山阳前往九州、不攻打平氏的大本营屋岛的不满。朝廷处在对平氏再次进京的恐惧中，加之饥荒带来的长期军粮不足仍然处在持续的严峻状况下，希望早日解决平氏的声音自然会逐渐增多。

在朝廷的这种气氛下，十日，义经带兵出京攻打屋岛。他在摄津国渡边津停留至二月二十六日，组织起了渡边党等畿内的武士。义经之所以率领着畿内武士攻打屋岛，自然是为了实现我在前面提到的前一年二月赖朝的构想。

另外，义经在渡边的大营中停留了一月有余，赖朝不可能不知道他的行踪，而赖朝不但没有制止，还派了能够接手义经在京都的任务的镰仓殿御使中原久经和近藤国平进京。由此，我们很难认同有些人提出的，义经在没取得赖朝同意的情况下出兵，最后导致和赖朝产生对立的这种观点。

后白河派自己的近臣高阶泰经去制止义经出兵。但是，义经不顾院的阻止，于二月十六日出发攻打屋岛（据《玉叶》《吾妻镜》同日条）。这说明比起后白河的意见，义经更重视赖朝的计划，想要早日灭亡平氏。此外，义经还得到了对大阪湾的水上交通了如指掌的渡边党的帮助，顺利征集到军队、战船、兵粮，带着万全的准备渡海了。《吾妻镜》和《平家物语》等书中记载，义经仅带领着少数军队，在暴风雨中抢渡至阿波，迅速攻下了屋岛，这应当是虚构的。

义经到达阿波后，为他带路的是近藤亲家。亲家是与平氏家臣粟田氏对立的在厅官人,他是在鹿谷事件中被杀害的西光所生近藤氏的后代。义经与亲光的相遇应当不是偶然,亲家应该是在院的指示之下帮助义经的。另外,逃命到京都的赞岐在厅官人们曾经跟随赞岐守一条能保,所以他们应该对四国的地理情况有一些了解。在这些人的帮助下,义经从平氏军没有考虑到的屋岛的背后闪击平氏成了可能。

　　平氏军队只考虑到了义经会从水上攻打他们,因此在背后受敌时措手不及。为了保证天皇和女官的安全,平氏军从海上逃走,相当于把屋岛的据点拱手让给了义经。此时,平氏失去了象征着安德天皇权威的屋岛皇居。

　　之后,从伊予回来的粟田教良也向义经投降。《平家物语》记载,教良是被伊势三郎巧言哄骗,后者声称义经的部队人数很少,但是这记载无论如何也不可信。根据《吾妻镜》二月二十一日条记载,追击教良的何野通信率领战船三十艘与义经汇合。教良败给了何野,又处于何野和义经的夹击中,被迫投降。教良投降一事带有重大的意义。教良是阿波民部大夫成良的嫡子。成良是平氏方的核心,也是支撑着屋岛平氏的最大军事势力。由于教良投降,成良发生了动摇,平氏的军事基础频临崩坏。至此,可以说平氏的失败已经是注定的了。

　　义经派出的使者于三月八日才到达镰仓。不过,这个使者也不知道义经已经获得了最终的胜利（据《吾妻镜》）。因此，《吾妻镜》也没有记载赖朝对此是什么样的反应。

3　平氏灭亡

坛之浦的悲剧

平氏军带着安德天皇，通过濑户内海的盐饱诸岛、严岛，逃到了最后的根据地——长门彦岛。由于平氏的行动，追击平氏的义经和驻扎在九州的范赖的行动路线变得复杂起来。赖朝无法准确地把握事态，只能通过预想觉得范赖会对平氏发起最后的攻击，因此就像我在前面提到的那样，赖朝在元历二年（1185）三月十四日寄给范赖的信中命令他安全地夺回贤所（神镜）和宝物。

但是，在仅仅十日之后的三月二十四日，在长门国赤间关就爆发了坛之浦之战，义经率领的源氏军队获得了压倒性的胜利。这是由于平氏已经断了和平谈判的心，关闭了谈判的窗口，没有一点想要交涉的意思，故意挑起了战役而后败北。赖朝命令范赖包围平氏使其投降，但这最初就是不可能的。

二位尼时子与安德天皇一起投水，三种神器中的宝剑掉入水中消失了。敌人想要得到的天皇本人以及神器，一样都不会给，这是身为武家的妻子——时子最后的抵抗（据近藤好和《源义经》）。平氏一门中很多人也殉死。总之，从治承四年（1180）八月赖朝起兵算起已经过去了四年半，平氏灭亡。

赖朝收到义经传来的平氏灭亡的报告，是在四月十一日，刚好是在赖朝供养父亲义朝的菩提之处——南御堂（胜长寿院）的立柱仪式过程中（据《吾妻镜》）。据记载，赖朝面向鹤岗八幡宫正坐，甚至不能发一言。无疑，收到了父亲的仇敌灭亡的消息，赖朝心中感慨万千。但是，大概赖朝也不禁困惑，为什么发来报告的不是范赖而是义经，而自己想要保全的安德天皇和时子为何投水，神器中的宝剑又为何丢失。

接到平氏灭亡报告的次日十二日，赖朝对西海下令。赖朝令范赖驻扎九州，处理没官领等土地，令义经带领俘虏回京。赖朝将东国武士们关心的谋叛人迹问题交给范赖，而将与朝廷对接一事交给了义经。在这复杂的状况下，赖朝发出了妥当的命令（据《吾妻镜》）。

关于义经，我将在后文再详细描写。首先我想要探讨在平氏灭亡后范赖和他手下的东国武士们的行动。范赖接到赖朝指示后的反应我们尚不知晓，但是不可否认，范赖心中可能有着没能参与与平氏之间的最终决战的遗恨。但是，此后的半年，范赖一直留在九州处理没官领等问题。

东国武士们远征的目的之一，就是想要被任命为谋叛

人迹的没官和其他土地的地头。在他们还负责攻打屋岛的
阶段,将九州势力编入组织尤为重要,因此赖朝命令他们不
要被当地的武士"憎恨","安静地"平息事态。但是,在平氏
灭亡后,可以说没有必要再避免与九州武士们的矛盾,已经
可以肆无忌惮地没收谋反者的土地。

据《吉记》五月十一日条记载,大宰府治下的各地一片
狼藉,为此引起了不少官司,经房认为应当把范赖召回镰
仓,而且赖朝应当制止范赖的行为。之后,据《吾妻镜》七月
十二日条记载,由武士们引起的九州"自由狼藉"成了一个
大问题。虽然范赖当时还驻扎在九州,处理没收的原田氏,
以及肥后的平氏方的有力家臣菊池氏及手下的土地,但是
控诉范赖的声音越来越多,甚至到了后白河要求赖朝召回
范赖的地步。

在此之前,赖朝还以设置没官领为由拒绝过一次院的
要求。一方面,赖朝吸取了伊贺、伊势的平氏蜂起的教训,
想要彻底清除有可能起兵的平氏方,另一方面,也是想要实
现东国武士扩大领地的要求。但是,"侵占"寺社领地等问
题发生后,后白河再一次要求赖朝召回范赖,赖朝只能命令
范赖在没官领设置执行官,然后回京。但是,范赖回到京都
的时候已经是十月了。从这里,我们能够窥知,当时在范赖
的带领下,东国武士们强硬地占领谋叛人迹的状况。

朝廷的反应

四月四日,坛之浦之战的捷报传到京都。当时,在朝中成为讨论重点的是归还神器的方法,而安德去世和宝剑丢失没有成为大问题。大概当时朝廷认为很有可能在之后找回宝剑吧。另外,对于后白河来说,作为自己孙子的幼帝去世,他不可能不感到难过。但是,另一方面,当时后白河已经拥立了后鸟羽作为天皇,安德则是有可能威胁到后鸟羽王权的存在,对于安德的死,后白河不会过度追究。

随着安德的去世,后白河院和后鸟羽天皇的王权变得稳若磐石。后白河自久寿二年(1155)作为皇子守仁能够即位之前过渡的天皇即位以来,第一次没有了对抗者,确立了正统王权的宝座。

四月二十六日,义经带着建礼门院以及宗盛、时忠等俘虏回到了京都。同日,对赖朝的赏赐又成了问题。头辩(兼任藏人头和辩官的要职)藤原(叶室)光雅在后白河的指示下,拜访了九条兼实。当时后白河提出了两个官职的备选项让赖朝选择。在位阶上,由于赖朝有特殊的大贡献,因此可以按照以往"越阶"升官的通例,但是如果将正四位下的赖朝升至正三位,跨过从三位的位阶,那就和平治之乱后清盛的位阶变化一样,不太吉利。但是,没有功绩的赖政也能获得的从三位的官职,赖朝自然也不想要。那么是否将赖朝的官阶提升到从二位呢？这是后白河想要咨询九条兼实的内容。

对此，兼实表示，赖朝的功绩已经超越了前人，兼实称赞他冠绝古今内外，支持升任赖朝至从二位。但是，之后兼实很快又在《玉叶》中记下，升官至从二位实在过分，批判了后白河。就此，我们可以看出后白河对于守护了自己王权的赖朝的评价，和严守身份秩序的上流贵族的看法之间有着鲜明对比。因此，我们也需要注意，兼实在仁安元年（1166）对于平清盛升任内大臣一事并没有提出反对，这是有异于他的贵族身份的。

总之，二十七日，赖朝升任从二位，虽然自己不在京都，但是位列公卿。这是以前从未有过的事。

伊予守与院御厩司

义经于四月二十六日上京之后，很快在翌日就被补任为相当于院的亲卫队长的院御厩司（据《吾妻镜》文治五年闰四月三十日条）。延庆本《平家物语》记载，这是出于赖朝的推举。后白河与赖朝之间有充足的交流时间，义经在八月被任命为伊予守，也应当是赖朝在四月向后白河申请的（据《吾妻镜》八月二十九日条）。因此，可以说赖朝认同义经被补任为伊予守和院御厩司。

关于伊予守，正如我在前文也提到的，解说院政期官职制度的《官职秘抄》中记载，其与播磨守一样"四位上臈不任之"。

国长官不任命给三位以上的官员,因此伊予守和播磨守就是国长官的最高峰。在院政期,许多重要的院近臣都曾被补任为伊予守,而后成功升为公卿。另外,康平六年(1063),平定了前九年合战的赖义被任为伊予守,这是与河内源氏先祖的荣誉也有渊源的官职。此外,有大战功的武将也曾就任这个官职,例如平治之乱后的平重盛,以及刚进京时的义仲等。

另一方面,院御厩司(御厩别当)是管理院的军马等牲畜的厩的长官,在鸟羽院政期由平忠盛和清盛父子就任。自那时起,除了后白河院政开始时藤原信赖曾就任过以外,这个位置在平治之乱后一直由平氏一门的清盛、重盛、宗盛、知盛等继承,直到平氏被赶出京都,义仲夺取平氏的地位。总之,这个官职一直就是京都武士中的第一人才能就任的光荣的官职。

可以说,院御厩司是院的近侍,不但担当院的警卫,还作为京都武力的中心维持京都的治安,地位非常高。这份责任正与出兵屋岛前的义经的职责一致,可以说由义经就任非常合适。不过,后面我将提到,义经拒绝回到镰仓会成为一个问题,从这个角度看,很难说让义经补任为院御厩司是赖朝积极为他谋求的。

总之,义经被任为伊予守和院御厩司,正说明了赖朝高度评价义经的战功。但是,这样立下大功的义经,却与赖朝之间发生了尖锐的对立。

第七章　义经起兵与公武交涉
——国地头和庙堂改革

1　义经起兵的背景

梶原景时的"谗言"

　　有一些人将赖朝视为冷酷的、有强烈猜疑心的恶人，这种看法根深蒂固。其中最大的原因，莫过于赖朝对立下大功的弟弟义经的不公平的压迫，甚至最终到了杀害他的地步。如果前文提到的义经的自由任官问题是虚构的话，那么二者之间的对立，以及义经不得不走到起兵这一步的原因又是什么呢？ 在这里，我想要重新探讨一下坛之浦之战后赖朝与义经的关系。

关于赖朝对义经的打压,学界一般重视见于《吾妻镜》元历二年(1185)四月十五日条的对赖朝斥责"没有内部推举和功绩而被任官"的御家人的记载。所谓赖朝斥责不经过内部推举而获得任官的御家人,学界一般认为这是对义经的施压,但是我在前文已经提到,义经的自由任官问题是虚构的,因此赖朝的斥责与义经无关。另外,如果我们再考虑一下细枝末节,就会发现在这里赖朝斥责的不是自由任官,其实是斥责在追讨平氏等战役中上京的御家人虽然获得了任官,但是随着战役的结束他们不履行职责而是回到本国这种没有责任感的行为。

随后,据同年的四月二十一条记载,担任侍所所司的梶原景时向赖朝控诉了义经的"不义"。景时声称明明是在赖朝的麾下、东国武士们齐心协力所取得的战功,却被义经当作自己的功绩。景时还进一步批判了义经"自以为是""自作主张",即无视赖朝的意愿、独断专行的行为。根据《吾妻镜》的记载,可能正是从景时的批判开始,赖朝之后逐渐开始打压义经。

当时,景时是负责统制、监视御家人们行动的侍所所司。他作为赖朝的心腹,在刺杀上总介广常中起到了重要作用,这些我都已经在前文提到。因此,景时像监视其他御家人一样监视着义经的行事,确实有可能向赖朝提出义经的"不义"。在一般情况下,我们可以认为这是景时的"谗言”，是对义经的中伤，也有一种看法认为这是景时出于个人对义经的怨恨而产生的行为。但是，我们不能单纯地说这是景时的“谗言”。

景时在之前是与范赖一起行动的（据《吾妻镜》元历二年二月十四日条），直到屋岛合战之后才与义经汇合（同年二月二十二日条）。此外，虽然《平家物语》“逆橹”的故事中所记载的景时与义经在屋岛出战时于渡边津发生了争论一事很可能不是事实，但是景时在此之前一直在范赖麾下听从赖朝指示这一背景有重要的意义。

如前文所述，赖朝向范赖传达了自己的想法，希望从平氏手中救出安德天皇和平时子，慎重地渡海前往九州。然而义经在屋岛合战之后，不但没有先与赖朝联系，甚至在马上发起的坛之浦之战中消灭平氏，没有救出安德天皇，可以说仅凭这一点，景时自然会批判义经。并且义经就好像无视东国武士们的长期苦战一般，在坛之浦之战中以西国武士为中心组织了战役。被抢夺了获得恩赐机会的东国武士们，无疑会抱有愤懑之情。因此我们应当认为确有景时批判义经一事。

《吾妻镜》中的记载认为，在景时批判义经后，赖朝马上对义经做出了处罚。首先，在四月二十九日，赖朝对跟随在义经身边的伊豆的御家人田代信纲做出指示，提出由于关东的御家人们对于服从义经已经产生了怨恨，因此禁止东国的御家人们再听从义经的指示。

随后,在五月五日,赖朝对于义经在坛之浦之战后无视赖朝所分配的、包括命令他搜索三大神器中的宝剑的任务,并且还擅自处罚东国武士等行为表示了愤怒。被赖朝的一系列举措惊到的义经,发誓自己对赖朝没有"异心"(谋反之心),向赖朝发送了起请文①。但是,和与赖朝保持着紧密联系的范赖相对,义经的行为已经是"自作主张"(通过自己个人的判断处理事务),赖朝责备了义经,显示了自己的愤怒(据五月七日条)。

五月七日,义经带着成了俘虏的平宗盛出京前往镰仓。但是,义经虽然想要将俘虏们押送往镰仓,却在相模国的酒匈宿(今神奈川县小田原市)被迫停下了前进的步伐。义经被禁止进入镰仓(据十五日条)。其后,义经拜托广元从中调节,向赖朝送出了"腰越状",认为自己立下的大功被否定,仿佛"骨肉同胞之情已似空(亲人间的情谊似乎已经消失)",请求赖朝记起他们之间的血亲之情(据二十四日条)。但是,赖朝的怒火没有平息,依然没有答应与义经见面。最终,义经于六月九日带着宗盛和重衡失意地回京。

据《吾妻镜》六月三十日条的记载,回到京都的义经声

---

① 日本古代的一种文书。指与他人进行约定时,向神佛宣誓不打破约定的文书。

称"为恨关东者当属义经"，由此赖朝大怒，甚至没收了之前赐予义经的平氏没官领。自此，我们认为赖朝和义经的关系已经决裂。

义经立下了讨伐平氏这一无可比拟的大功，原本期望着赖朝的赏赐，却遭遇了赖朝没道理的怒火，受到了自己完全没预料到的屈辱的对待，甚至被迫回到了京都。从《吾妻镜》的记载来看，我们当然会有赖朝冷酷地对待义经的强烈印象。

决裂的时间点

根据《吾妻镜》的记载，从自由任官问题开始，由于景时进的谗言，赖朝盛怒，甚至不与回到镰仓的义经会面，直接将义经逼到了绝地。义经的"自作主张"，以及无视赖朝的设想，直接将平氏逼到灭亡，还导致了安德溺亡、宝剑丢失。将赖朝的行动和义经的作为相联系也是可以说得通的。但是，和自由任官问题一样，我们很难直接采信《吾妻镜》的记载。

如前文所述，义经的行动遵从了一之谷之战后赖朝向他传达的原本的追讨方针。如果这样的义经都在宠臣的批判下失势，那么赖朝应当很难再继续统治为了胜利而组织起来的军队吧。根据《保历间记》（南北朝时期完成的历史书）记载，虽然年轻的二代将军赖家对于景时的谗言是全盘接受，但是赖朝在听取手下的进言时却是有选择性的。在当时的情况下，就算赖朝听了景时的话后对义经更加不信任，我们也很难认定赖朝会与义经迅速决裂。

另外，如果在六月时赖朝已经与义经决裂，那么为什么赖朝没有马上把义经控制起来？而且义经的起兵是在与此相隔足有四个月的十月，这一点也无法解释。我在后面会提到义经起兵的理由，即使是通过理由来判断，在这个时候二人应当还没有到彻底决裂的地步。

根据延庆本《平家物语》的记载，虽然赖朝的态度非常冷淡，但还是在镰仓与义经会面了，《吾妻镜》中提到的赖朝拒绝会面一事很有问题。另外，大多数学者都认为"腰越状"是伪作。腰越状中记载的前文也有所提及——义经对赖朝诉说了血肉之情，但是最后完全没有起到作用。《吾妻镜》通过这一点想要强调赖朝对血亲的冷酷，指出正是这份对无辜的义经进行处罚的冷酷导致源氏仅历经三代将军就断绝了。可以说这是《吾妻镜》为了拥护代替源氏将军执政的北条执权的政治正当性而采取的一贯编纂偏向。

另一方面，《玉叶》文治元年（1185）十月十七日条记载的义经决定起兵的理由，其一是在八月义经被补任为伊予守后，赖朝在伊予国所有的公领（国衙领）设置了地头，导致义经无法进行国务，其二是之前义经得到的二十处平氏没官领被没收，其三是义经遇刺一事。当然，赖朝派人刺杀义

经是在二者决裂之后，平氏没官领原本也只是暂时交予义
经管理。在伊予的国务上，如果义经能够顺利管理伊予的
话，赖朝就不可能收回他手上的没官领，从这一点来考虑，
二者间最大的问题在于义经被补任为伊予守后赖朝对伊予
国务的插手。因此，二者的决裂应当是八月之后的事情。
在这里，我想以伊予守的问题为中心，重新探讨一下赖朝与
义经决裂的经过。

补任伊予守与二人的对立

据《吾妻镜》八月二十九日条记载，在此前八月十六日
的小除目上，和被任为相模守的大内惟义、被任为上总介的
足利义兼、被任为信浓守的小笠原远光、被任为越后守的安
田义资这些源氏一门的武士一起，义经被补任为伊予守。
在一之谷之战后的除目上，范赖被补任为三河守。同那次
除目一样，被补任为国长官不仅仅是赖朝对在源平争乱中
获得战功的人进行赏赐，也是赐予麾下的有力者国长官的
地位。

正如我一直提到的一样，按照《吾妻镜》的记载，在除目
之前赖朝和义经的关系就已经破裂。尽管如此，义经仍然
被补任为国长官，《吾妻镜》中将其解释为，赖朝将义经推举
为国长官是在四月，之后才发现义经的"不义"，因此虽然两
人关系破裂，但是赖朝还是没能取消义经国长官的名分。

自不必说,国长官的推举不可能无法取消,这种说法无论如何都不可信。所以至少在义经被补任为伊予守之前,赖朝与义经二人的关系还没有彻底破裂。

另一方面,据《玉叶》八月十六日条记载,包括义经在内的对国长官的任命确实是出于赖朝的推举,但是根据先例,升任了国长官之后义经就应该辞去检非违使的职务,可他却继续担任着检非违使。对此,兼实震惊地称其是"未曾有"之事。

这种没有先例的异常的人事变动之所以能实现,只能是后白河的影响。在义经和后白河的共同意向下,义经一面成为了国长官,一面又继续担任检非违使。原则上检非违使需要在京都当值,这样义经就不得不留在京都。另一方面,国长官一般都是遥任(不去当地赴任),没有必要亲自去地方上任。公家的国长官一般都留在京都,而对于源氏一门而言,则是像三河守范赖一样,原则上应当待在镰仓。如果义经就任伊予守,那么他也应当回到镰仓。

因此,留任检非违使就是为了防止义经被召回镰仓的策略。义经这是与后白河联合,拒绝赖朝将自己召回镰仓。赖朝的对策就是在伊予任命了地头,插手义经的国务。正是义经拒绝回到镰仓,才导致了两人的决裂。那么,最初将义经任命为院御厩司、命令他在京都活动的赖朝,又为什么想要召义经回镰仓呢?

后白河院的宠臣义经希望能留在京都，义经受到院的保护也可以说是理所应当的。赖朝抱着与后白河对立的后果，强行召义经回镰仓，赖朝到底是想做什么呢？

身负赫赫战功回到京都的义经，自然会变得傲慢。延庆本《平家物语》记载，义经曾扬言关东就是属于自己的，自负是赖朝的后继者。另外，在朝廷中也有声音评价义经胜过赖朝，称这是义经的时代。

当然，上述记载真伪不明。但是，先不说义经自己的想法，他毕竟可被称为京都的救世主，朝廷必然对他有很高评价。另外，即使在幕府内，应当也有一些人认为和4岁的赖家相比，义经更配得上赖朝后继者的位置。因此，当时赖朝和赖家的外祖父北条时政应当对义经有了更高的警戒心。

进一步而言，赖朝或许也看到了率领西国武士讨伐平氏的义经有在后白河身边构筑独立的军事力量并与赖朝相对抗的危险性吧。从坛之浦回京的义经，竟然迎娶了平时忠的女儿。《平家物语》记载，除了义经失策被抢走了机密文书，他还有可能与平氏残党相勾结。对于赖朝来说，让义经待在京城，在很多层面上都有威胁。

所以说，赖朝最初不可能单纯出于觉得收到威胁、没有任何其他原因就杀害追讨平氏的最大功臣义经。只是，赖朝不得不阻止义经在京都构建自己的势力，甚至获得高于自己的名声，不能让他排除赖家成为幕府的后继者。赖朝做出的妥协,就是将义经召回镰仓。赖朝想要通过将义经放在镰仓,置于和范赖一样的作为源氏麾下的地位,让义经服从自己的指示。

但是,义经没有听从赖朝的要求。成了后白河宠臣的义经想要得到王权的保护,只有京都才是他想要活跃的舞台。而且,义经与赖朝,以及平泉的藤原秀衡之间仍然处于紧张的关系中,如果在镰仓生活,必然是如坐针毡。另外,由于义经有巨大的势力,因此当时义经的脑海中可能出现了在镰仓被无缘无故杀害的上总介广常和甲斐源氏的一条忠赖的先例吧。如果从之后行事稳健的范赖都没有免于被肃清一事来看,很可能义经回到了镰仓,等待着他的就是残酷的命运。之后,由于得到了后白河的庇护,义经违抗了赖朝的指示。

2　最终决裂

胜长寿院供养与义经

回归镰仓问题导致了赖朝与义经的对立,引起了赖朝对伊予国务的妨碍和对义经的施压,不过,此时还不是二人关系破裂的决定性时刻。同年十月,按计划将在胜长寿院为二人的父亲义朝举行祈冥福的法事。这样的法事,赖朝当然希望义经出席,此时回归镰仓问题再一次出现。

在赖朝作为流人的生活中，必须做的日课就是为亡父义朝和为其殉死的镰田正家祈冥福，为他们分别诵念"阿弥陀佛"一千次和一百次（据《吾妻镜》治承四年八月十八日条）。如今，这样的赖朝已经在镰仓建立了据点，自然会建立供养二人的寺院。这就是也被称为南御堂的胜长寿院。计划开始建设是在元历元年（1184）十一月，寺院的所在地是鹤岗八幡宫东边的雪之下。

如前文所述，在正式开始建设胜长寿院的当天，赖朝收到了平氏灭亡的报告。九月三日，从京都迁来的义朝和正家的遗骨在胜长寿院下葬。当时，在平治之乱中参战的信浓源氏的平贺义信，以及在战乱中战死的义隆的儿子赖隆也出席了下葬仪式（据《吾妻镜》）。对被枭首的义朝的遗骨进行的供养意味着在平治之乱中以谋反者的身份被杀的义朝恢复了以前的身份地位（据川合康《源平的内乱与公武政权》）。

之后，赖朝请园城寺的高僧公显作为导师（主导仪式的僧人），计划于十月二十四日举行盛大的落成供养仪式。仪式上将集合许多御家人，这应当是镰仓武家政权成立以来最大规模的仪式。这是义经的父亲义朝的供养仪式，义经被要求出席也是理所应当的，赖朝应当是在此时再一次要求义经回归镰仓。

虽然《吾妻镜》中没有记载，但是不用说，义经肯定拒绝了回镰仓。不仅仅是这样,还出于前文提到的赖朝妨碍伊予的国务、没收平氏的没官领、派人刺杀义经等原因,十月十三日,义经将起兵的想法告诉了后白河(据《玉叶》十月十七日条)。虽然我们不知道召义经回镰仓的使者是何时到达京都的,但是父亲对义经来说非常重要,他在拒绝参加父亲遗骨的供养仪式时,应当就已经做好了和赖朝对决的觉悟。

另一方面,对于讨伐忤逆族长、拒绝参加亡父的供养仪式的义经,赖朝也可以说不再踌躇。对族长和亡父的不义,是讨伐义经的充分理由,因此多数御家人都接受了这件事。虽然如此,赖朝也不可能突然就率领大军进京。在此,赖朝先派刺客对义经进行了挑衅。刺客是土佐房昌俊,一般认为他是在十月九日率领八十三骑从镰仓出发的,那时义经才刚刚拒绝出席仪式。十七日,义经受到了刺客的袭击,好不容易击退刺客的他,在次日就鼓动后白河给自己下旨追讨赖朝(据《玉叶》)。

很快,两人迎来了决定性的关系破裂。义经遵从兄长赖朝的命令,竭尽全力,灭亡平氏,立下大功。但是,结果就因为他没有完全按照兄长的意愿行事,被逼到了连生命都受威胁的境地。这就是不公平啊。义经的心中感慨万千。他最后的救命的倚仗是后白河的庇护。

但是,与院联合、脱离赖朝的统制,意味着义经将成为单独的官军。对于想要成为唯一官军的赖朝来说,他是绝对不能容忍义经这样的行为的。在此,出现了幕府分裂、围绕继任者的内斗甚至幕府崩坏的萌芽。为了守护幕府这个新生的权力,赖朝不可避免地需要制压与后白河联合的义经。

如果详细分析对立的背景,我们就会发现,对立源于继任者问题的不稳定等,归根结底是由于镰仓幕府的组织尚且幼弱。另外,赖朝自己没能成功上京,不得不将幕府的基本职能之一——守护王权——委任给了义经,这也是两人关系出现裂痕的原因之一。在一个政权的草创期,很容易发生围绕继任者的内斗。这一点上,镰仓幕府和引起观应扰乱(1349—1352)的足利幕府,以及肃清秀次一族的丰臣政权,还有之后很多战国大名建立的政权都有共通之处。

可以说赖朝已经做出了妥协,至少想过要冷静对待这件事。但是,兄弟的对抗引起了更大的政治问题,最终导致了悲剧性的结束。让兄弟关系破裂的,是镰仓幕府草创期的政治状况。我们是否可以说这正是导致之后命运的齿轮无法咬合的事件呢?

赖朝出兵

就在马上要进行胜长寿院供养仪式之时,文治元年(1185)十月二十二日,赖朝得到了情报,得知朝廷已经宣旨讨伐自己。但是,赖朝完全没有动摇,仍然专心进行了供养仪式(据《吾妻镜》)。对于赖朝来说,他清楚只有后白河才能将自己的权力正当化,所以我们不能断言说他完全没有动摇。但是,义经明显已经对亡父和家主不义,从武士社会的伦理来看的话,赖朝的正当性并没有被动摇。

另外,后白河宣布的追讨赖朝的命令,曾在寿永二年(1183)年末从木曾义仲处发出过一次。这个先例自然不是出于后白河法皇自身的意愿,而是他在义仲强迫下发出的追讨命令。这一点众所周知,因此当时追讨命令没有让赖朝和御家人动摇。这次也一样,可以说赖朝并不担心追讨命令会引起御家人的动摇或者军队的分裂。

与我们推测的一样,在镰仓没有发生动摇,出席供养仪式的御家人们摇身一变,就直接转化为了上京的部队。胜长寿院的供养仪式结束后,为了准备次日的出征,担任侍所别当的和田义盛和担任侍所所司的梶原景时记录了御家人的到场状况,由两千余御家人组成了上京的军队。小山朝政和朝光等五十八人则是当日之内就出发了。同时,幕府还动员了尾张和美浓的武士们,命令他们巩固墨俣的防御(据《吾妻镜》十月二十四日、二十五日条)。赖朝自己则是二十九日带兵出发,在曾经与义经重逢的骏河国黄濑川宿确认了京都的情势。

距离治承四年(1180)十月的富士川之战,即赖朝上一次亲自带兵出击,已经有五年了。赖朝果然还是感受到了义经带来的巨大威胁,出于族长决定一门成败的伦理,他不但否定了宣旨,还不得不亲自出击。

十一月八日,义经企图动员武士失败,被迫离开京都。听到消息的赖朝从黄濑川回到了镰仓。一方面是赖朝听说义经没落而安心下来,另一方面也是预想到义经可能会与平泉相勾结,赖朝感受到了威胁。

如前文所述,义经和行家逼迫后白河,在十月十八日得到了追讨赖朝的宣旨。从义经的角度来看,仅在八个月前的同年二月,他就在屋岛的追讨平氏战役以及坛之浦之战中得到了很多西国武士的帮助,他可能想到了当时迅速到来的胜利吧。但是,事态却与当时完全不同,这一次,几乎没有武士接受义经等人的动员。

九条兼实认为,后白河院在义经胁迫下发出的追讨赖朝的命令是没有正当性的,并且有传言说义经控制了后白河及手下,因此义经失去了人心,没有人帮助他(据《玉叶》十一月三日条)。义经这正是步了法住寺合战以后义仲的后尘。本来西国的武士们就是出于和平氏之间有遗恨或者敌对关系,才参与了对平氏的战役,而讨伐赖朝对他们来说不是为了自保而必须进行的战斗,自然不会有什么人愿意参战。

义经判断京都不可能抵御得了赖朝的军队,因此离开京都向九州而去。义经在离开京都的前一日十一月二日，强迫院赋予自己征收山阳、西海的庄园及公领的年贡与贡物并由自己来上贡给京都的权力，后白河答应了他（据《玉叶》）。不过，根据《吾妻镜》十一月七日条的记载，义经和行家分别被任命为"九国地头"和"四国地头"，但是没有获得在山阳道征收租税的权力。虽然赋予义经二人的权力成了后来设置的国地头的渊源，但是当时这份权力仅仅包括租税的征收和上交，不过是沿袭自十月宣旨中赋予赖朝的权力而已。

义经一行人在十一月三日有序地离开了京都，没有给京都带来混乱。兼实将义经称为"义士"（据《玉叶》）。义经等人虽然击破了摄津的太田赖基，躲开了范赖家臣的追击，并且顺利从大物浦（今兵库县尼崎市）坐船出海，但是遭遇了暴风雨，不知所踪。在此之后，为了寻找义经的行踪，爆发了西国和平泉都被卷入其中的重大政治问题。

日本第一的大天狗①

赖朝虽然从骏河国黄濑川宿返回了镰仓，但是仍然在十一月八日向朝廷派遣了侍者，表达自己的愤怒之情。在

---

① 天狗是中日传说中都有的一种生物。在日本，天狗指一种令人生畏的妖怪，常有不可一世的姿态，因此说某人"天狗"，指此人自负傲慢。

义经和行家没落后，朝廷于十一日下达了追讨义经和行家的宣旨。九条兼实强烈地批判了后白河，称"世间之转变，政务之轻忽，以此当察（世间情势的变化，义经、后白河对待政务的轻率，都能通过宣旨的下达而察知）"。

十三日，许多东国武士进入了京都，他们带来的杀气十足的氛围，让兼实写下"天下当大乱"，"法皇御边之事，极不吉"，兼实指出了武士加害法皇的可能性（据《玉叶》十一月十四日条）。

在这样的氛围中，院的近臣高阶泰经向镰仓派去了使者，将义经和行家的作为称为"天魔之所为"，解释说之前的宣旨不过是后白河被逼迫若不下旨就要自杀于宫中时的权宜之计，绝不是出于后白河自己的意向。但是，赖朝在回信中写到，如果后白河没有任何想法，曾经打倒了强敌平氏、将政务返还给后白河的忠义之臣是不可能谋逆的，还责骂后白河是"日本第一的大天狗"，这件事在后世也是非常有名。

后白河虽然试图辩解说这次的宣旨是出于义经的压力，和之前被义仲胁迫发出的追讨宣旨一样，但是赖朝不相信这种说法。义仲在法住寺合战中与后白河冲突，是用武力逼迫后白河就范，这和义经的情况完全不同。如前文所述，文治元年八月十六日的小除目上，后白河让义经继续担任检非违使。违背赖朝之意让义经留在京都，这只可能是出于后白河的意愿。和以前赖朝与义仲的敌对关系不同，赖朝和义经是一起从属于后白河的王权之下的,因此如果后白河愿意从中调节的话,他们也可能会和解。

赖朝认为后白河煽动义经和行家,让他们与自己冲突,想要再次将自己贬为谋反者。事实上,后白河也赠与了行家的儿子、僧人庆俊甲胄,有煽动他们的动作(据拙作《源义经》)。从赖朝的角度来看,后白河是他起兵以来奉为正统的王权持有者,自己为了他全力打倒了平氏。正因为赖朝身负此大功,因而不能原谅后白河竟然让义经来追讨自己。

赖朝想要成为拥护后白河王权的唯一官军,即使他接连讨伐了朝廷的敌人义仲和平氏,后白河还是背叛了他,想要组织起别的官军。如此,赖朝不得不开始考虑彻底清除可能与后白河勾结的武家势力,以及制约后白河的妄为和专制的必要性。之后,赖朝第一次介入了朝廷事务。十一月二十四日,赖朝的岳父北条时政作为赖朝的代官,率领着千骑上京了(据《玉叶》)。

3　北条时政上京

代官时政

上文所说的时间点以前,曾作为赖朝的代官上京的是他的弟弟范赖以及义经。这一次也有传言说要以范赖作为代官,但是由于周围还有陆奥的威胁,范赖没有上京(据《玉叶》十一月十三日条）。时政是除了赖朝的弟弟之外担当代官职位的第一人。他与朝廷进行交涉，并且留在京都负责京都的治安维持，被视为初代的京都守护。另外，也有一种看法认为，原本赖朝想要将京都治安交给自己的妹婿一条能保负责，时政进京只是临时的举措（佐伯智广《一条能保与镰仓初期公武关系》）。如果按照这种说法的话，起用时政的理由就是有问题的。

　　众所周知，时政将女儿政子嫁给了赖朝，从赖朝的流人时代开始就保护着他。但是，时政原本是伊豆国的在厅官人，不过是一介地方武士。即使是后来他升任了远江守，在进京时他也只是会被贵族们看低的仅官阶六位的乡下武士。兼实在《玉叶》中将时政记为"北条丸"，这件事被大家所熟知（据十一月二十八日条）。"丸"这个字，带有能独当一面之前的少年或卑贱者的意思。同样，之后要求打倒镰仓幕府的护良亲王在宣旨中将时政称为"伊豆国在厅"，表现出了对在厅官人的蔑视。同时，背地里也有对由区区时政左右朝廷最重要政事的不满。

　　即使在追讨平氏的战役中，政时也一直留在镰仓，和土肥实平、梶原景时一样，在战役中没有起到最大的作用。甚至时政以前在京都也没有官职，他不可能像中原亲能一样有过与朝廷一方接洽、交涉的经历。在赖朝起兵之后，也没有证据表明时政作为近臣有什么重大的贡献。不只如此，寿永元年(1182)十一月,牧宗亲受政子之命破坏了赖朝的爱妾龟以前的宅子,让赖朝脸上无光,而时政则是回到了伊豆,应当是与赖朝之间产生了矛盾(据《吾妻镜》寿永元年十一月十日、十四日条)。

时政这样的人,在义经起兵这种紧急事态面前成了代表武家负责与公家交涉的角色,正说明他与赖朝之间有着非常深的信赖关系,更说明他在京都的政界也是有人脉的。通过近年的研究成果(野口实《北条时政的上京》),我想要讲讲时政与京都政界的关系。

起用时政的背景

在这里值得注意的是,时政作为伊豆国的在厅官人,应当与曾经知行伊豆国的吉田经房之间有政治上的联系。时政犯"奇怪"之事而被国司(或者目代)关了起来。也就是说时政引起了丑闻而被监禁起来,但是他当时被经房的举措感动,因此非常尊敬经房,向赖朝推举经房,称其为"贤人、有识(出色的)人"(据《吉口传》,森幸夫《伊豆守吉田经房与在厅官人北条时政》)。

经房于仁平元年(1151)到保元三年(1158)连任两期国长官,虽然不会成为知行国主,但是他与伊豆之间有着紧密的联系。经房与时政的联系可能就是在这个时期建立的。之后,经房转任安房守,如前文所述,在赖朝起兵之时,出于自身知行国主的地位,应当和安房的武士,还有与安房有关联的三浦氏之间都有联系。在平治之乱以前,经房也曾和赖朝一起为上西门院当差。

经房出身于作为辨官和藏人头活跃在政界、族内有不少有能的担任实职的官员的藤原为房一支,他自己也作为有实职的官员活跃,在政界各方面都有关系。虽然经房曾在平氏政权下担任高仓院的院别当和安德天皇的藏人头,但是这自然是出于他自身的能力所以被起用。之后,经房得到了赖朝的深切信任,担当在朝廷和幕府之间充当中介的关东申次一职。应当是经房向赖朝推举了时政。

其次,时政迎娶了骏河国大冈牧出身的牧之方作为后妻,这件事也是众所周知。牧之方应当是池禅尼的侄女,因此时政通过联姻与池禅尼及其子赖盛也取得了政治上的联系。进一步来说,赖盛与八条院之间有紧密的关联,赖朝可能也期待通过时政与八条院建立政治联系。

最后,被起用为代官也和时政自己的强烈意愿有关。原本在之前,围绕赖朝的后继者人选,义经就和时政的外孙赖家之间有所竞争。可以说时政自然而然地会成为追讨义经的先锋。另外,在胜长寿院供养仪式的前一天,义经的岳父河越重赖和他的儿子重房被控制起来,之后被处刑了。虽然二人是义经的姻亲,但是联姻也是出于赖朝命令的政治婚姻,因此处刑是非常极端的措施。与重赖之间有竞争的畠山重忠,正是时政的女婿。因此,对河越父子的处刑是由于在义经的周边有与时政相竞争的人存在。时政是为了彻底抓住、杀害义经,才作为代官上京。在这样的背景下,可能也存在着上述关系网吧(据拙作《源义经》)。

时政虽然是在厅官人,但是直到他的祖父那一代,应当都还是在京都活动的军事贵族(据野口实《北条时政的上京》)。时政在京都的活动,是他从在厅官人一跃成为院的近臣、让后代也能更进一步、像曾经的西光一样提升家世的好机会。怀着各式各样的想法,时政选择了上京。

4　国地头的设置

时政的进言

文治元年(1185)十一月二十八日,九条兼实在《玉叶》中记载了北条时政的进言。在这一天,赖朝的代官"北条丸"与吉田经房会面,兼实推测时政一定向经房传达了"重事",即庙堂(朝廷)改革之事。同时,兼实还记下了以时政为首的赖朝的郎从们想要向五畿、山阴、山阳、南海、西海诸国派人,在不论庄园还是公领,都按照每段①五升征收兵粮,甚至时政还希望能够切实管理这些田地。也就是说,时

---

① 段,也称反,日本古代的面积计量单位之一,一反等于 300 坪,约 990 平方米。

政想要在这些地方设立"守护、地头"。关于这两个问题,庙堂改革的问题我会在后面详细说明,这里我想首先探究守护、地头的问题。

关于"守护、地头"的设置,根据《吾妻镜》十一月十二日条的记载,我们认为,在大江广元的进言下,赖朝曾经向朝廷提出过要求。也就是说,大江广元曾经对赖朝提过,为了应对东海道之外的地区发生的反乱,每次都分别派遣东国武士前往镇压,会招致他人的不满,因此他劝告赖朝,应该在诸国的国衙和庄园都分别设置"守护、地头"。

以此为基础,时政要求朝廷设置"守护、地头",这也意味着实现幕府基本职能的守护和地头第一次被设置在诸国。另外,还意味着随着朝廷的命令,镰仓幕府的势力范围扩展到了全国,这是幕府成立过程中的一个里程碑。但是,我在前文已经提到,前一年,赖朝就已经在这些地区设置了以庄园和公领为单位的地头,在追讨平氏的战役中,还设置了可以说是守护的前身的总追捕使。反之,以大犯三条①为基本职能的守护是在建久三年(1192)以后才登上历史舞台。因此,我认为在此时设置了守护、地头的说法是不正确的。

与此相对,此时赖朝真正在各国设置的,应该是每国一

---

① 指守护的三个职能,分别是监督御家人服役、处理谋反和杀人案件。

人的、我们称之为"国地头"的军政官,就像是将自己的郎从分别送到各国一样。国地头被赋予了极大的权限。首先,不论庄园还是公领,国地头都能够以每段五升的标准征收兵粮米。征粮的前提是国地头拥有国内田地的支配权。自然,兼实对此震惊地评价:"凡言语所不能及(这是用语言所无法传达的)。"其次,地头还拥有同党裁决权,即有权动员国内的所有武士参战。虽然有人认为国地头的权力是以起兵失败后义经、行家前往九州时获得的九国和四国地头的权限为原型的,但是实际上这是沿袭了十月宣旨中提到的权限。赖朝已经通过十月宣旨获得了东海、东山、北陆的支配权,这次进一步在西海诸国设置了国地头。

但是,赖朝已经将自己的知行国以外的东国其他国的政务交还给朝廷,朝廷也已经在当地任命了国长官。这次,赖朝在西国获得了比东国更大的权力。当然,这其中也可能有赖朝想要报复后白河的一面,但是我们很难相信,即使是在支配东国时都十分自制、不盲目扩张权力的赖朝,会一时冲动地想要夺取如此大的权力。

对于赖朝来说,可能也有想要扶植在自己尚未掌控的西国的势力的目的,但是,赖朝应当还是切实感受到了平氏残党和义经蜂起所带来的威胁吧。要求掌握能够统率国内所有武士的权力这一点,就是明显出于赖朝的这份顾虑。另外,赖朝也是为了控制后白河,不让他与义经以及其他反镰仓势力勾结而出现其他单独的武装势力（美川圭《后白河天皇》）。

元历元年（1184）七月，伊贺和伊势平氏蜂起，不但赖朝起兵时的功臣佐佐木秀义等多人丧命，蜂起所导致的问题还带来了深远的影响，因此在赖朝的印象里平氏残党对自己有很大威胁。自然，除了伊贺和伊势，以山阳、四国、九州为首各地的平氏残党都是同样的定时炸弹。此外，义经还有可能与这些残党勾结，并且依然与后白河有所联系。国地头所拥有的巨大权限，正是为了应对这些可能的危险。另外，赖朝还要求得到征收大量兵粮米的权力，这其中应该也有范赖追讨平氏时由于兵粮不足而陷入苦战的背景。

国地头的废止

时政成了五畿内下辖七国的国地头，此外，播磨、美作的梶原景时，备前、备中、备后的土肥实平等曾担任总追捕使的武将也直接转任国地头。在九州也存在着国地头这一管理广阔区域的军政官，包括统括大宰府的天野远景，岛津庄司、萨摩、大隅的总追捕使惟宗（岛津）忠久等人。

在京都和畿内这一中枢之地的七国兼任国地头的军政官正是时政。义经潜伏在这些国的可能性最大，因此也可以说这里孕育着可能引起与庇护义经的庄园领主、权门之间矛盾的危险。时政与京都的政界保持着联系，有兵力，并且针对义经而做出的行动都不留余地，赖朝认为时政适合这个位置，所以起用了他。一条能保则属于公家，虽然也与政界有联系，但是不具备强大的武力。

不难想象，这些获得了巨大权力的国地头们，以追讨义经为借口开始了强制的行动。例如，从总追捕使转任为国地头的梶原景时就在播磨引发了重大的问题。播磨国一直以来都是平氏的据点，有清盛辞任太政大臣之后获得的大功田（朝廷赐予有大功者的田地），因此这片区域有很多平氏家臣。出于这些原因，景时在支配这里时，应当是非常严苛的。但是，播磨是后白河院的知行国，此处也能反映出公家和武家之前的紧张气氛，武士们的行动逐渐激进，几次发生武士强行夺取庄园的事件（据《吾妻镜》文治二年六月九日条）。

文治二年（1186）三月一日，时政出于劝农的考虑，提出辞退国地头的职务。由此我们可以得知，国地头的存在影响了正常的农业生产。时政虽然向院上书请求继续征收兵粮米（据《吾妻镜》），但是在他上书之前，赖朝也上书称放弃征收兵粮米（据《吾妻镜》二月二十八日条）。围绕着国地头的最严重的问题，就是兵粮米的征收，它引起了极大的社会安定问题。

随着时政辞任，朝廷废止了诸国的国地头，将国地头转变为只有军事权力的总追捕使。也就是说，国地头仅仅设

置了半年就被废止了。有一种看法认为，这是赖朝在处理
西国问题时的巨大让步，但是实际上，赖朝原本就没有想要
长期设置拥有过大权力的国地头一职。国地头废止的时
期，赖朝判断义经几乎已经没有可能发动大规模的叛乱了。
因此，原本为了防止发生大规模反乱而作为军政官设置的、
有过大权力的国地头也就丧失了作用。

5　庙堂改革

温吞的改革

九条兼实预想"重事"的庙堂，或者说朝廷改革的方案
里，会包含赖朝对下旨追讨自己的后白河的强烈报复。兼
实想起了曾经在治承三年政变中幽禁后白河、将关白基房
和许多院的近臣剥夺官职或流放的平清盛，还有在法住寺
合战中囚禁院、解除摄政基通和许多院的近臣官职的木曾
义仲。光从这些事件引起了内乱这一点来看，兼实都非常
恐惧赖朝强势介入朝政。

从另一面来说，兼实原本就反对下旨追讨赖朝，出于这
一点，他获得了赖朝的高度评价，并且他也知道赖朝对自己
的评价。因此，兼实心中也暗自期待着自己无能却担任摄
政的侄子近卫基通能够下台，自己能够成为新的摄政大臣。
这也是兼实小心翼翼地旁观着庙堂改革内容的原因。

与兼实的预想相反,庙堂改革的内容非常温吞。首先,赖朝提出让右大臣九条兼实、内大臣德大寺实定、权中纳言吉田经房及其下共十名大臣担任议奏公卿,从神祇到佛道,裁夺所有朝务的实行。由他们来决定政务的施行,是赖朝为了防止后白河的专制。但是,赖朝没有采取囚禁后白河这一强硬措施。

在议奏公卿的人选中,实定是赖朝的妹婿一条能保曾经侍奉之人,也曾经与赖朝一起跟随上西门院。经房也是像前文提到的一样,与时政关系亲密的公卿。但是,这些人并不都是与赖朝有特别联系的公卿。结果,除了担任追讨赖朝宣旨的上卿(执行责任者)的左大臣藤原经宗,朝内主要的公卿基本都在列。

另外,后白河的心腹近卫基通继续担任摄政,反对追讨赖朝宣旨的九条兼实也继续担任内览。内览,是复查向天皇上奏的文书的职位,与摄关拥有一样的权限,但是自不必说,等级上低于摄关。受到了处罚的,也只有碰巧与讨伐赖朝的宣旨有关联的藏人头藤原光雅、左大史小槻隆职,身为院的近侍的参议平亲宗、大藏卿高阶泰经,以及在义经起兵时支援了他的丰后的知行国主刑部卿藤原(难波)赖经和以平知康为首的被称为下北面的院近侍中的下层官吏十二人等。

虽然赖朝将后白河骂作"日本第一的大天狗",但是他没有出手攻击后白河。也有一种说法认为,这是赖朝在刻意避免步大规模处罚官员、引起了反乱的清盛,还有被消灭了的义仲的后尘。

议奏公卿的实质

正如我前面所介绍的,赖朝对朝廷的介入是不完全的。他不但没有将后白河排除出政治的中心,而且议奏公卿也基本上只是个空名。这些我们都能从对前一年末发生的宇佐和气使袭击事件的应对来窥知(据《玉叶》文治二年正月二十八日条)。

所谓和气使,就是将新天皇的即位汇报给宇佐八幡的使者。由于有和气清麻吕感受到宇佐神宫的神意,阻止了道镜篡夺皇位的故事,宇佐八幡的使者就从清麻吕的子孙和气氏中选出。寿永二年(1183),虽然为了报告后鸟羽天皇的即位而派遣了使者,但是使者一行在播磨国两次被武士袭击,第二次被袭击时,还发生了使者将神宝(贡纳给神宫的宝物)丢在一边逃回京都的丑闻。关于这个问题,九条兼实向后白河寻求处理意见。

后白河先是下令在议奏公卿中选一名咨询对象,同时要求咨询原本应当位列议奏公卿的左大臣藤原经宗。这是由于经宗是担当左大臣足有二十五年的有经验的公卿,在这种重大的议事中他的意见不可或缺。同时,兼实也没有一味排斥经宗,而是将是否咨询他的意见交由后白河自己决定。虽然设置了议奏公卿,但是后白河对政务的主导权没有变,就像他自己决定向经宗咨询一样。这说明议奏公卿不过是走形式。

根据美川圭的研究(《院政之研究》),议奏公卿的前身是在长久以来的贵族政权下的公卿议定制度。在摄关时代,掌权者会在皇居召集现任的公卿进行"阵定";在院政期,则是召集院选定的公卿进行"院御所议定",由公卿向院上奏自己的意见。公卿议定在后白河院政中变得有名无实,而议奏公卿应当是对公卿议定的复活。但是,议定也最多不过是将自己的意见进言给院。最终,在阵定时进行决策的是天皇和摄关,在院御所议定时则是院。这意味着后白河依然有主导权,议奏公卿只是一个形式。

与九条兼实的合作

九条兼实继续担任着内览,并且成了议奏公卿,我们都知道他是赖朝的盟友。他比久安五年(1149)出生的赖朝还要小两岁,在文治元年(1185)时,仅有 37 岁。兼实是保元之乱中取得了胜利的藤原中通的六儿子,他的长兄基实和次兄基房共同担任着摄关的职务。我常常引用的他的日记《玉叶》就是当时的重要史料。九条家是五摄关家之一,九条兼实是九条家的先祖,他的后代分为二条和一条家两支。

在次年文治二年，兼实成了摄政，但是在建久七年（1196）政变中的失势决定了他的命运。

兼实的祖父忠通在保元之乱中胜利，成了摄关家的中心，但是，摄关家主支的忠实、赖长失势带来了巨大影响，赖长失去了自己领有的庄园。后来赖长虽然夺回了庄园，但是毕竟失去了负责管理庄园的源为义及其下的武士团，他的势力必然衰弱。更不必说保元之乱胜利的大功臣信西等人是院的近臣，摄关家的政治地位极度低下。忠通的嫡子基实最初与作为院的近臣、统领武门的藤原信赖的妹妹结婚，信赖身死后又与清盛的女儿盛子结婚，这样的姻亲关系清楚表明摄关家缺乏武力的状况。

永万二年（1166），摄关基实突然去世，他的弟弟左大臣基房继承了摄政之位，就在当时清盛抢夺了摄关家领。基房与后白河合作想要成为摄关家的嫡支，但是在治承三年政变中败给清盛，被解除官职并流放。之后，基实的长子、清盛的女婿基通也遭到了攻击。基通在寿永二年（1183）平氏离开京都时，背叛了平氏，突然倒向了后白河。法住寺合战后，义仲与基房勾结，基通被解除了摄政的职位，但是义仲灭亡后又官复原职。不过，由于与起兵的义经之间有联系，基通的地位有所动摇，因此兼实希望能排除基通，自己成为摄政。

兼实和赖朝合作的背景尚不明确。养和元年（1181），成了兼实家司的中原广季是赖朝心腹亲能的父亲,广元是他的养子,因此兼实和赖朝可能是通过他达成了合作。此外,二人的合作可能也和亲能的身份有关。亲能是与兼实很亲密的前权中纳言源雅赖的家臣。不管是从哪个角度来讲,二人的关系都并不紧密,兼实想要利用赖朝夺取摄关的位置,而赖朝则想要利用兼实牵制后白河并且介入朝廷事务,他们的合作正是两人都有所求的结果。

如前文所述,在实施庙堂改革之际,赖朝并没有改变院与摄关的王权中枢,也只是处罚了涉及义经问题的院的近臣,显示出了赖朝的谨慎。赖朝回想了在强硬地改变王权中枢后受到了反击的清盛和义仲,想到了他们的失败,因此赖朝的做法中也有担心若是过度排挤后白河,会导致地方武士蜂起的一面(据上横手雅敬《镰仓时代政治史研究》)。但是,我们也不能忘记,平清盛与皇室有紧密的姻亲关系因而蚕食了王权中枢,义仲与基房有姻亲关系因此也有介入朝政的立场,这些关系赖朝都没有。

无论怎么讲,赖朝都是利用了后白河的权威才在内乱中胜利,构筑了自己的权力。在这次事件后,后白河不可能再无故下令追讨赖朝,这次的事件不会再一次发生。议奏公卿就是为了制约容易被近臣所蛊惑而后丧失主观判断的后白河的一意孤行而产生的制度,也是让兼实等人监视后白河。这绝对不是赖朝在否定后白河的权威,他也并没有想要让兼实代替院掌权。

文治二年(1186)三月十二日,兼实在赖朝的支持下成功就任摄政。但是,之后作为折中,摄关家领的大半土地都被基通夺走了。这也可以说是赖朝的实力不足,同时也是赖朝尊重想要拥护自己心腹的后白河的意向而导致的结果。

第八章　义经的灭亡与奥州合战
——唯一的官军

1　义经的行踪

京都守护——时政

文治元年(1185)十一月,起兵失败的义经和行家从摄津大物浦(今兵库县尼崎市)出海向镇西出发,但是一行人遭遇了暴风,因此行踪不明。赖朝最初觉得潜藏起来的义经会在西国引起大规模的反乱,因此在西国设置了国地头。

但是,后来我们知道,义经在大和国的吉野山告别了爱妾静之后,游荡在多武峰、十津川、伊势等地。他并不是在武士的保护下,而是受到寺社的庇佑,辗转进行着艰难的逃亡。行家则是隐藏在他们曾经的据点和泉。虽然赖朝还没有找到他们究竟在哪,但是不管是行家还是义经,他们组织起地方武士发起大规模反乱的可能性都极低。

庙堂改革暂时告一段落之后,对于北条时政来说,最大的任务就是追讨义经。如前文所述,在赖朝放弃征收兵粮米后,时政还是想要继续征粮,从这一点上我们能看出时政比赖朝还要强硬的态度。这大概也是因为时政非常想要追讨义经吧。

不只是兵粮米的问题,时政在其他问题上也展现着强硬的态度(据大山乔平《源赖朝与北条时政围绕文治的国地头的角力》)。尽管如此,据说时政还是受到了朝廷的高度评价,甚至朝廷阻止他回到镰仓。这其中一个很大的理由,是时政强硬的态度对于维持京都的治安非常有效。

在义经失势后,京都的治安明显恶化,一度强盗横行。与此相对,时政采取的强硬措施是,不将抓到的犯人交给检非违使,而是就地处刑(据《吾妻镜》文治二年二月一日、十三日条)。在时政的这种做法下,京都的治安情况逐渐好转,因此时政受到了贵族们的高度评价。这件事也说明,如果时政离开京都,那么京都的治安也会随之恶化。总之,不可否认,时政这种把防止义经反乱放在第一位而采取的措施,确实非常武断。

文治二年(1186)三月末,时政接到赖朝的命令,回到了镰仓。和时政交接成了京都守护的，是从镰仓上京的一条能保。能保是赖朝的妹婿，也算在一门之中，还是摄关家旁支出身的公家。能保曾经任丹波守，他的家世相当于诸大夫。

能保与时政交接的原因中，也包含着赖朝担心容易采取武断行动的时政在征收兵粮米这一件事上会与朝廷产生冲突的一面。同时，义经和行家蜂起的可能性也降低，与军事行动相比，赖朝觉得更应该与朝廷进行和平交涉，这也是他派能保去接替时政的原因之一吧（据野口实《北条时政的上京》）。另外，赖朝最初就是想让能保进京的，时政上京只是临时的措施（据佐伯智广《一条能保与镰仓初期的公武关系》），因此可以说这是早就注定的交替。

九条兼实为时政送别时赠给他马匹，并且将他评价为"珍物"，九条家的家司源季长则称"其因可笑"，"田舍之人尤当如此"（据《玉叶》三月二十四日条）。虽然我们不知道兼实的真实想法，但是不可否认，他的评价中也有嘲笑不过是在厅官人的地方武士的一面。当战事平息，一切转向日常后，在与公家的交涉中，交涉者的身份和言行举止更为重要。虽然时政在维持治安时获得了高度评价，但是赖朝还是抓紧时间把他召回镰仓，这也与我在上面提到的问题息息相关。

此外，时政的"眼代"——他的弟弟时定留在了京都，率领与北条氏关系紧密的御家人继续维持京都治安（据野口氏《北条时政的上京》），从这里我们也能看出从军事上来说时政确实获得了很高评价。

赖朝的义弟一条能保

我在前文已经提过，代替时政就任京都守护的一条能保是藤原道长的庶子赖宗的子孙，大家都知道他是赖朝同母妹妹（坊门之姬）的丈夫。能保的父亲是从四位上的丹波守藤原通重，母亲是右大臣藤原公能的女儿、德大寺实定的姐妹。能保的曾祖父基赖没能成为公卿，从那时起他们这一支就没有再成为公卿的后代，家世降低。能保跟随自己的舅舅德大寺实定，受舅舅的保护。

另外，能保跟随的德大寺实定，从赖朝在上西门院手下担任藏人时，就与赖朝有政治联系。在平治之乱后，实定保护了成为孤儿的赖朝的妹妹。促成了她与能保的婚姻的应该也是德大寺家。文治元年（1185）实行庙堂改革之时，不仅仅是实定，他的弟弟实家等人也被一同推举为议奏公卿，此外，赖朝还让自己的心腹梶原景时一族跟随实定，总之，赖朝很重视德大寺家。能保与赖朝重视的实定有紧密的关系，祖上还是名门，在贵族社会很可能获得官位上的提升，因此赖朝自然而然地会期待能保在京都的活跃。

能保的人脉还不只是德大寺家。能保的叔父基家是平赖盛的女婿,因此能保也和赖盛有合作。寿永二年(1183)木曾义仲进京后,能保想要避免和义仲起冲突,因此和赖盛一起前往镰仓,就此我们可以窥知二人之间紧密的政治联系。自然,能保也可以通过赖盛与八条院联系。

另外,能保的曾祖父基赖应当是"堪武勇"①(据《尊卑分脉》),因此能保一族应当都与武家有联系。能保也在实定的介绍下和京都的武士后藤基清之间缔结了主从关系,拥有了属于自己的兵力。就这样,能保不但能够和各种各样的政治势力联系,还有自己的武力,所以赖朝对他有很高的评价。

如前文所述,在坛之浦之战后,赖朝想要让义经任伊予守,然后将他召回镰仓。赖朝本来应该是想要在召回义经之后让能保担任京都守护。后来由于发生了义经起兵这一赖朝没有预料到的事态,为了对抗义经,赖朝让时政成了自己的代官和京都守护上京,但是随着义经起兵一事的平息,赖朝按照自己原本确定的方针,让能保接替时政。

被逼到绝境的义经

赖朝知道了义经受到寺社的保护在畿内周边活动后,判断他很难再在西国带领大规模的反乱。但是,即使赖朝

---

① 武勇之士,武士。

令人严加追捕，义经还是不知所踪，所以时政也没能抓到义经，就这样回到了镰仓。

时政返回镰仓后的文治二年（1186）五月十二日，藏在和泉国的在厅官人日向权守清实（姓不详）处的行家被北条时定和常陆坊昌明等人杀害。次日，行家的儿子光家也被杀（据《吾妻镜》五月二十五日条）。行家于寿永二年（1183）和义仲一起进京，之后就以和泉和南河内为据点活动，因此可能一直与和泉国的在厅官人有联系吧。九条兼实接到了行家被杀的报告，在《玉叶》记下"天下之运报未尽，当悦当悦（朝廷的气运还没有用尽，我们应当高兴）"（据五月十日条）。

之后，六月十六日，时定在大和国大宇陀（今奈良县宇陀市）打败了义经的女婿源有纲。有纲在战役中败北后自杀，他的郎从中三名被杀，五名被捕（据《吾妻镜》六月二十八日条）。有纲是伊豆守仲纲的儿子，他的祖父是那位源三位赖政。有纲是摄津源氏出身的军事贵族，他娶了义经在平泉时所生的女儿。他也是义经的心腹、同盟军，对义经来说是非常重要的存在。终于，在七月，被视为义经最重要心腹的伊势三郎（义盛）也被杀害（据《玉叶》七月二十五日条）。

就这样，义经身边厉害的同盟军和手下纷纷被杀。可以说义经基本已经没有在西国引起大规模反乱的可能性

了。因此,原本为了追捕义经、阻止起兵而设立的国地头也
被废止。但是,行家和有纲等人虽然被杀,义经自己却依然
不知所踪,他受到畿内周边寺社的保护,辗转于各地。因
此,赖朝和寺社势力之间产生了矛盾。

关于义经的潜藏,关东申次吉田经房在给赖朝的书信
中写到,有谣传说义经被延历寺的恶徒(恶僧)保护了起来
(据《吾妻镜》)。另外,通过被抓到的义经的小舍人童(负责
杂活儿的少年)的自白书我们可以知道,义经确实直到六月
二十日之前都在延历寺恶僧的庇护下躲在延历寺(据《吾妻
镜》闰七月十日条)。因此,幕府方面想要攻打延历寺。

闰七月十六日,赖朝和延历寺之间的问题被放到了后
白河的院御所议定上(据《玉叶》)。商议的结果,延历寺收
容义经并且放纵义经与相关恶僧逃亡,座主及其他人都受
到了处罚。当时,土肥实平和手下的武士们主张固定在坂
本(今滋贺县大津市)的山上进行搜索,而京都守护一条能
保全力阻止了他们。以义经问题为导火索,在平氏灭亡后,
身为最大军事势力的权门寺院与幕府之间生出了紧张的
气氛。

根据《吾妻镜》九月二十九日条记载,在过去的二十二
日,义经的心腹佐藤忠信和堀景光被捕,忠信自杀,而景光
则投降,在自白书中供出义经在兴福寺僧人圣弘的房中。
景光是义经的使者,想要去联系院的近臣木工头藤原范季。

由此我们能够知道，义经藏在兴福寺中，还与院的近臣有所联系。虽然在二十二日比企朝宗就已经率领着二三百骑的兵力前往圣弘的房中追捕义经，但是队伍还攻击了周边的四五座房舍（据《玉叶》九月二十二日条）。朝宗领导的攻击就连作为氏长者（藤原氏的代表者，原则上由摄关担任）统括兴福寺的兼实也不知道，甚至使重要的法会——唯识会也被迫中止。兵士们群情激愤，甚至到了要求中止兴福寺最大的法会维摩会的地步。

幕府方的军队所展现出的态度代表了赖朝的想法。赖朝对于公家保护义经、不与幕府协作的态度非常愤怒，强硬地向后白河提出要派数万大军在寺社内搜索义经（据《玉叶》十一月十六日、十八日条）。对于义经问题，赖朝采取决不妥协的态度，向朝廷和寺社强硬施压。赖朝之所以采取这样的态度，无疑是因为他在过去的寿永三年（1184）二月向后白河提出的四条奏请中，就已经表示出了对寺院培植势力、拥有武装的强烈反对。总之，义经很难再继续藏身在京都周边。

2 赖朝与秀衡

平泉与义经

据《吾妻镜》文治三年（1187）二月十日条记载，义经在妻儿、家臣的陪伴下,在山伏乔装打扮,向着奥州逃亡而去。但是,《玉叶》的记载中,确定义经已经逃往奥州是在文治四年的正月九日条,由此,我们能够推测,义经实际到达奥州的时间是在文治三年的九月到十月之间。总之,我们能够确定义经到了平泉并且被藤原秀衡保护起来了。义经终于暂时摆脱了赖朝的追捕。

义经这是第二次来到平泉。第一次,是在义经逃出鞍马寺的承安四年(1174)。在治承四年(1180)与赖朝汇合之前,义经一直生活在平泉。当时,让义经去平泉的应该是平治之乱的首谋藤原信赖的兄长基成。基成在康治二年(1143)就任陆奥守,将藤原秀衡招为女婿,后来有了外孙泰衡。平治之乱后,基成一直住在平泉,他应当是类似于平泉藤原氏的政治顾问一样的存在。基成之所以保护义经,一方面是因为平治之乱中他的弟弟信赖与义朝一族之间的联系,另一方面也有另一层关系,义经的母亲常叶的再婚对象一条长成是基成的父亲忠隆的表兄(据角田文卫《陆奥守藤原基成》)。

藤原秀衡接纳了像上次到平泉时一样身为政治犯的义经。但是,承安四年和这次的政治局势有了很大不同。在政治上,平氏对奥羽的关心度很低,但是赖朝与平氏不同,赖朝支配的领土与奥羽接壤,因此赖朝严密地关注着在平泉的秀衡的动向。如果此时对赖朝来说最大的敌人义经藏

```
藤原秀乡…(中略)…经清 ── 清衡 ── 基衡 ── 秀衡 ── 国衡
                                            ├── 泰衡
                            基成 ── 女子 ──┘
        女子 ── 忠隆 ── 信赖
藤原长忠 ┤
        女子 ── 长成
              常叶
              ├── 义经
            源义朝
```

平泉藤原氏、藤原基成、源义经关系图谱

身在平泉的话,我们就能清楚地知道赖朝和秀衡之间的关系将会变得紧张,秀衡也下定了和赖朝决战的决心。这样一来,赖朝迎来了与最后的强敌——介入义经问题的平泉藤原氏——的冲突。

```
武则 ── 武贞 ── 真衡
     └── 武衡 ── 清衡
               ├── 家衡
```

清泉氏略系谱

平泉藤原氏的祖先是清原清衡。11 世纪末期爆发了清原氏的内乱——后三年合战,清衡受到了当时的陆奥守源义家的支援,最终获得了胜利。清衡是藤原秀乡流经清的儿子,在前九年合战后,随着母亲的再嫁,他成了清原武贞的养子,但是在后三年合战后又战胜了同母异父的弟弟家衡。将战役判断为私战的义家失势之后,清衡通过向摄关家送上贡马及庄园接近摄关家。清衡的后代基衡和秀衡还与多由院的近臣担任的陆奥守联合,培养起了自己的势力。

通过陆奥的特产砂金、骏马,从北方进口的产品等,平泉藤原氏变得富强,特别是砂金,是日本与宋朝贸易中非常重要的出口品,因此具有重要的意义。嘉应二年(1170)五月,秀衡就任镇守府将军,这是平泉藤原氏所出的第一位镇守府将军。秀衡的父亲基衡只是六位的押领使(参照本书第232—233页),从这一点来考虑的话,秀衡成为将军是一个特例。不过,这应当与当时在大输田泊(今兵库县神户市)的日本向宋朝出口砂金的贸易日渐繁荣有关。之后,陆奥成了后白河院的知行国,秀衡与后白河之间也有了更深的联系。

就像我在前文提到的那样,治承四年(1180)赖朝起兵后,秀衡将义经送到了赖朝身边,也是为了让赖朝救援在治承三年政变中被幽禁的后白河。但是,随着平清盛去世和后白河再次开始院政,秀衡停止了对赖朝的支援。不仅如此,在养和元年(1181),陆奥守的人选还是由平宗盛决定的。秀衡最多只不过是保持中立,对赖朝来说就是令人害怕的存在,因此赖朝将他当作假想敌。赖朝犹豫是否要上京,一定有一部分原因是来自平泉的威胁。

元历元年(1184),义仲的势力灭亡,范赖率领着赖朝军在西海打仗。十月,后白河对陆奥行使知行权,并将藤原宗长补任为陆奥守。宗长是在后白河的授意下动员了绪方惟义、将平氏赶出了大宰府的前丰后守赖辅的孙子。在赖辅的帮助下后白河组织起了丰后的绪方氏势力,这次应该也是后白河想要通过赖辅一族的帮助,和平泉的秀衡联合起来。后白河和秀衡之间重新确定了紧密的联系。

据《玉叶》文治元年(1185)十月十三日条记载,在行家和义经计划打倒赖朝、想要起兵的时候,也有传言说秀衡会参战。因此,秀衡和后白河、义经联合的可能性应该很高。对于赖朝来说,秀衡有强大的武力,并且与后白河之间紧密联结,赖朝不可能不将他作为一大威胁。赖朝和秀衡之间应该彼此都做好了发生冲突的心理准备。秀衡既然将赖朝的仇家义经置于自己的庇护之下,说明二者间全面爆发冲突已经是必然会发生的事情了。

与秀衡的对立

赖朝首先切断平泉与后白河之间的直接联系。十二月十四日,义经起兵的问题还没有彻底解决,赖朝把从秀衡那里收集来的贡物献给院。九条兼实在日记中记载秀衡的贡物少而劣质,表示了自己的不满(据《玉叶》),这里我们能够看出秀衡进贡的贡物是经过赖朝上贡给院的。这是赖朝在向朝廷展示秀衡是从属于自己的。自不必说义经的问题，赖朝甚至不承认秀衡与院之间的直接联系。

据《吾妻镜》文治二年（1186）四月二十四日条记载，赖朝向院提出，让平泉将进献给京都的马匹与钱物先送到镰仓，由镰仓再运往京都。与此相对，秀衡也向后白河上书请求不答应赖朝的要求。当时，赖朝自称"东海道总官"，相对的，将秀衡称为"奥六郡之主"。

所谓奥六郡，代表赖朝只承认秀衡对奥六郡的支配权，不承认秀衡对奥羽两国拥有实际支配权。所谓"东海道"，大概是指整个东国，十国宣旨中包含了东海道的地区。赖朝这是将陆奥国也置于自己的支配之下，把管理陆奥国的一部分——"奥六郡"——的平泉藤原氏当作是自己手下的家臣（据大石直正《奥州藤原氏的时代》）。

据《吾妻镜》五月十日条记载，秀衡最后按照赖朝的要求，把进贡给朝廷的财物和马匹送到了镰仓。赖朝通过这种方式割断了秀衡与朝廷、后白河的直接联系，否定了秀衡的独立性。《吾妻镜》记载的义经到达平泉的时间是在次年文治三年二月，我认为这与事实不符，不过虽然与义经无关，赖朝对平泉施加的压力确实在逐渐增强。

据《玉叶》文治三年（1178）九月二十九日条记载，赖朝向朝廷提出请求，想让秀衡囚禁的流人中原基兼回到京都，并且以大佛镀金为由要求秀衡上贡金三万两。与此相对，秀衡则是回复，自己没有囚禁基兼，只是出于怜悯而保护对方，另外，三万两的贡金对自己来说负担过大，因此拒绝上贡。赖朝收到秀衡的回复后，上书向朝廷报告说秀衡轻视朝廷。

中原基兼是后白河院的近习、北面下臈（下北面①），由于与鹿谷事件有关联，被平清盛发配至陆奥。之后，基兼一直在院和平泉之前担当联系的中介。赖朝这是想要通过让基兼回京割裂院和平泉之间的合作，进一步来讲，禁止平泉藏匿逃命的人，从这一面来说也是赖朝想要否定平泉在政治上的独立性。这也可以说是即将出现的义经问题的导火索。

赖朝以大佛镀金（灭金）为由向秀衡索取三万两这一数额庞大的砂金，一方面是加重平泉的经济压力，另一方面也是想向平泉和朝廷展示，对京都的进贡是由赖朝管辖的。此外，秀衡拒绝上贡支持朝廷最大的事业——大佛再建，赖朝也想要通过向朝廷宣传平泉反抗朝廷来让两者之间的关系恶化。赖朝并没有对奥羽采取军事行动，而是向秀衡强力施压。

① 负责院御所警卫的北面武士中没有诸大夫身份的下级武士。

秀衡去世

文治三年(1187)十月二十九日,藤原秀衡去世了。据《吾妻镜》当日条记载,秀衡在弥留之际,命令后代尊义经为大将军,让义经行"国务"(统治奥羽)。秀衡让赖朝的敌对者义经成为大将军,意味着他已经决定要与赖朝对立了。

另一面,《玉叶》文治四年正月九日条记载,秀衡在弥留之际,为了实现"兄弟和融",让"异母的嫡子"娶了自己当时的妻子为妻。所谓异母的嫡子,指秀衡的长子国衡,而被称为"同母长子"的则是秀衡与藤原基成的女儿所生的儿子泰衡。秀衡为了让这两人都对义经没有异心,因此起草了祭文(起请文)。他的策略是让义经作为大将军,和两个儿子一起形成三位一体的态势攻打赖朝。这里详细地记述了秀衡与赖朝的对决。

《愚管抄》高度评价国衡:"武者柄甚(很有作为武士的器量)。"关于国衡母亲的出身,有一种说法认为她出自平泉藤原氏的心腹佐藤氏,也就是虾夷,总之不甚明确,不过无疑,她是来自陆奥的女性。与此相对,泰衡的母亲是藤原基成的女儿。基成是平治之乱的首谋信赖的兄长,虽然是政治犯,但是他的父亲忠隆是公卿,另外他的妹妹是摄政近卫基实的妻子,也是前任摄政近卫基通的母亲。所以,泰衡其实是近卫基通表姐妹的儿子。

虽然由于母亲的身份差异过大，泰衡成了秀衡的嫡子，但是不可避免的，既是长子又非常武勇的国衡及其身边的人们会有不满。随着国衡娶了泰衡的母亲为妻，两个人就成了继父继子的关系，泰衡也会从属于国衡。秀衡把这称为"和融"。由于赖朝也算是义经的义父，兼实强烈地批判了义经与赖朝冲突的行为（据《玉叶》文治元年十月十七日条），说明父子之间原本就不应该有冲突。与此相对，秀衡的做法说明，如果他不这么做的话，很难让国衡和泰衡合作。

在此之后，泰衡杀害了弟弟忠衡和赖衡，这其中应该也有围绕是否应当保护义经而产生的争论。失去了家主秀衡的平泉藤原氏陷入了一门不统一的状态，很难拥护义经与赖朝对抗。就连命运也站在了赖朝这一边。

追讨义经的压力

据《玉叶》文治四年（1188）二月八日条记载，出羽知行国主大纳言藤原兼房派遣的法师昌尊在出羽与义经发生武装冲突，昌尊逃亡镰仓。据《百练抄》二月十二日条记载，出羽国司报告称义经潜藏在出羽国。这说明京都也已经掌握了义经的军事活动。义经率领着军队打仗，这可能正如秀衡的遗言一样，义经已经成了平泉藤原氏的军事中心。

赖朝掌握了这些情报后，向朝廷施压要求追讨义经。

如此一来，《吾妻镜》中关于在文治三年左右朝廷就已经颁发了追讨义经的院厅下文的记载是有问题的。赖朝对朝廷提出，自己为了供养去世的母亲要修建五重塔，需要避免灾厄不能杀生，因此不能亲自担任追讨义经的使者一职，希望能由泰衡来主持追讨义经，同时想要朝廷确认泰衡是不是真的已经和义经合作（据《玉叶》二月十三日条）。

赖朝知道如果自己领兵攻打，那么就会导致义经和泰衡的联合愈发紧密，而通过命令泰衡追讨义经，则能够巧妙地离间二人，因此才有上述进言。这时，赖朝依然没有使用武力强行攻打陆奥。赖朝就像之前对付甲斐源氏一样，巧妙地离间敌人，煽动敌人内乱，削弱敌方势力。

二月二十一日，朝廷颁发了命令泰衡和外祖父藤原基成一起追讨义经的宣旨与院厅下文。泰衡被迫在讨伐义经和同赖朝对决之间艰难抉择。十月十二日（据《吾妻镜》十月二十五日条），朝廷再次宣旨要求泰衡和基成追讨义经，十一月（据《吾妻镜》十二月十一日条）院厅再次下文要求二人追捕义经，泰衡受到了朝廷的强力施压。

赖朝不但让朝廷发出追讨的命令，同时也在进行着战争准备。文治四年九月十四日，越后城氏的助职改名长茂，加入了赖朝的阵营（据《吾妻镜》）。如前文所述，长茂在治承五年（1181）的横田河原合战中败给木曽义仲，逃回了自己的大本营会津，但是在赖朝控制北陆后，长茂作为囚徒被梶原景时保护了起来。赖朝起用有罪之人,重新确立主从关系,同时也是在攻打平泉时想要重用对平泉藤原氏抱有怨恨、对当地地理环境熟悉的人。

在赖朝施加的压力面前,平泉方面也发生了动摇。文治五年(1189)二月十五日,泰衡杀害了弟弟赖衡(据《尊卑分脉》)。泰衡杀害义经之后的六月二十六日,又杀害了站在义经一方的另一个弟弟忠衡,无疑,围绕是否拥护义经,平泉藤原氏一族发生了内斗。平泉藤原氏没能掩盖住自己族内的动荡。据《玉叶》文治五年正月十三日条记载,义经想要送到京都的上书被扣押。义经与泰衡的关系恶化,因此,义经是否也曾想要秘密回到京都呢?

二月二十二日,赖朝向朝廷表达了自己的看法,认为泰衡在包庇义经,准备自己出兵攻打平泉,并且要求免除站在义经一方的贵族的官职,而且要求除去义经的同伴——延历寺恶僧。赖朝一方面阻止了义经再次进京,另一方面也再次让朝廷认识到义经问题是朝廷的责任,进而认同即将到来的攻打奥州的战役。

二月二十六日,使者从平泉回到了镰仓,带来了泰衡的文书,泰衡称发现了义经的所在地,请求将义经引渡至镰仓(据《吾妻镜》)。从这里我们能看出义经和泰衡的关系确实已经恶化,以及赖朝绝对没有对平泉手软。

后白河虽然确实免除了一些贵族的官职,但是在追讨奥州的宣旨中称,应当优先处理伊势迁宫和东大寺再建之事,追讨奥州会导致诸国混乱,为了回避混乱朝廷应延后发布追讨宣旨(据《玉叶》闰四月八日条)。但是,赖朝仍然要求朝廷颁发追讨奥州的宣旨,并告知朝廷,自己在将母亲的菩提供养在五重塔后会亲自带兵出击。由于义经和泰衡之间的隔阂暴露,赖朝表示自己可能会亲自攻打奥州。他应该是想通过进一步向泰衡施压,让泰衡和义经起冲突。

义经死亡及后续影响

文治五年(1189)闰四月三十日,终于,泰衡率领着数百骑,袭击了藏在藤原基成的居所衣河馆(高馆)的义经。虽然义经的二十余位家臣奋力抵抗,但还是败北,义经和妻儿一起自杀了(据《吾妻镜》),享年 31 岁。义经的妻子是河越重赖的女儿、比企尼的孙女。河越氏已经灭亡,因此她也为义经殉死。

五月二十二日,义经已死的报告送到了镰仓(据《吾妻镜》),由于赖朝要在五重塔中供养母亲,因此义经的首级是在六月十三日才送到府中。和田义盛和梶原景时参加了在腰越进行的对义经首级的确认。

五月二十九日,义经死去的消息也被传到了京都。兼实在日记中记下:"天下之悦,何事与此等哉。实为神佛之助,夫亦赖朝卿之运也。非言语之所及也。"(据《玉叶》)随着义经灭亡,奥州合战也能被避免,在兼实欣喜的心情中,也包含着对战乱终结的期待。此外,兼实将义经的灭亡称作"赖朝之运",这也意味着兼实高度评价讨伐了导致安德死去的义经的赖朝。

关于杀害义经,学界主要有两种看法。一种看法是,泰衡过于平庸,以至于没能看透赖朝计划着在自己杀害义经之后攻打平泉;另一种看法则是,泰衡只是遵循朝廷的意见展开了行动。不过,就算再怎么平庸,泰衡也不可能看不透赖朝真正的意图,而且,由于秀衡的遗言是要求拥立义经,知道了父亲意图的泰衡,也不可能毫无缘由地听从朝廷的指示。

泰衡与兄长国衡对立,后来还杀害了弟弟赖衡和忠衡,平泉藤原氏内部并不同意。从这一点来看的话,泰衡自己很难与赖朝相抗衡。另外,平泉藤原氏的传统就是回避战事,不介入中央的政治斗争。泰衡遵循着一族的传统,在绝境中做出了选择。但是,这对赖朝来说是正中下怀。

3　奥州合战

大庭景能的献策

由于藤原泰衡杀害了义经,朝廷制止了赖朝进一步的军事行动。文治五年(1189)六月八日,随着义经死去,国内终于变得静谧（和平），后白河想要命令赖朝收起武器（据《吾妻镜》）。另外，摄政兼实也以伊势神宫和东大寺的建造为理由，发布了制止赖朝出兵奥州的御教书（传达三位以上贵族意向的文书）。但是，赖朝更介意泰衡曾经藏匿义经的事，所以他无视朝廷的制止，依然进行着攻打平泉的准备（据《吾妻镜》六月二十四日条）。这是因为赖朝最开始的目的就是控制平泉。赖朝想要成为支持后白河王权的唯一官军，对他来说，是绝对不能容忍平泉藤原氏存在的。

据《吾妻镜》记载，六月二十七日，专心于准备出征奥州的赖朝起草了包括足有千名武士的交名（名簿），在全国进行了大规模动员活动。但是，朝廷没有颁发敕许（官符，官旨），自然，哪怕是赖朝也犹豫于何时攻打奥州。赖朝集合了众多期待着通过战争获得赏赐的御家人，众人都非常焦躁地想要尽快开战。终于，六月三十日，赖朝通过"兵法"这一仪式，向大庭景能询问应当怎么办。

大庭景能是一位老臣，曾经跟随义朝参加了保元之乱，被崇德上皇一方的猛将源为朝射伤了腿。景能的弟弟景亲被称作平清盛的义子，在石桥山合战中率军攻打了赖朝，但是，景能作为相模的武将，从赖朝起兵之时就一直跟随着他。这里说的兵法，意指战役的本质、对武士的规范。

面对赖朝的咨询，景能提出，首先，军中士兵们是听从将军的命令，而不是听从天子的诏书，而赖朝既然已经将战事汇报给了朝廷,就没有必要等待朝廷的决定。另外,藤原泰衡对于赖朝来说,是继承世代御家人遗迹(财产和地位)的血脉,所以即使没有纶旨(天皇的命令),赖朝也可以随时对其进行治罚(征伐),这其中没有任何问题。听了景能的话,赖朝大喜,给了景能赏赐,并且决定要出兵攻打奥州。

景能表示,在军中,也就是战役开始之后,应当贯彻以牙还牙的伦理,这时军队的行动就是从朝廷中独立出来的了。只要战胜,那么战争自然就是正当的。在这里我想到的是在后三年合战中八幡太郎义家的先例。义家是陆奥守,他介入了清原氏的内乱——后三年合战,讨伐了清原家衡和武衡,虽然获得了胜利,但是由于是私自进行的战役,并没有从朝廷获得赏赐,而且他的政治地位反而降低了。当时的义家和现在的赖朝的身份有很大不同。

在义家的时代,军事贵族是家臣的中心,必须要让家臣们获得朝廷赏赐的官位。这一点,我们也能从前九年合战后,赖义为了让手下获得朝廷的赏赐,不得不对朝廷妥协的例子看出来。义家也是为了赏赐手下,不得不依存于朝廷,如果他领导的战役被认为是私战而无法获得赏赐,那么就会招致手下背叛。与此相对,赖朝实行的是没收敌人土地并与新恩给与的伦理相结合的政策,形成了不依赖朝廷的独特的主从关系。只要赖朝的军队获得胜利,那么只需要将与朝廷无关的敌方的土地赏赐给手下就可以了。

另外，赖朝如果对家臣动用私刑，也和朝廷的公权力无关。镰仓中期宝治二年（1248）颁布的幕府法中明确规定，幕府不介入家主和家臣之间的争斗（据镰仓幕府追加法二六五）。平泉藤原氏的先祖、清衡的父亲藤原经清是河内源氏代代相传的家臣，但是在前九年合战中背叛了赖义。经清在战役结束后厨川栅被攻陷之时被捕惨死（据《陆奥话记》）。经清被处刑就与朝廷没有关系，是家主对家臣动用的私刑。泰衡被讨伐一事，正像他的先祖经清被肃清的先例一样。

就这样，赖朝强行发兵奥州。通过没收敌方的土地，赖朝得以组织独立于朝廷的军事行动。赖朝所建立的主从关系与战胜后的新恩给与密不可分，这是在战争中形成的、通过新恩给与来维持的主从关系。因此，当战争结束，幕府转向日常运行之时，就不得不进行大变革。这意味着赖朝军最后的大规模战争奥州合战是决定之后赖朝和手下之间关系的重要节点。

赖朝军的进击

下面，我想要通过《吾妻镜》的记载来复原战役的过程。

虽然有景能的献策，但是赖朝依然介意没有得到宣旨，向朝廷送去了飞脚，要求朝廷下旨。但是，朝廷认为已经发现了义经，称追讨是天下大事，回信"奥州攻击延后"。听到了这个消息,赖朝大怒,称"已经有许多的武士确定参加追讨,并且也花费了不少费用,怎能一再推迟出发的时间呢",就此强硬地决定了出发的时间(据七月十六日条)。

七月十七日,赖朝令军队兵分三路。首先,东海道大将军千叶常胤和八田知家(宇都宫宗纲的儿子)从常陆和下总进攻,北陆道大将军比企能员和宇佐美实政从上野、越后、出羽进攻,赖朝自己则是作为最主要的大将军,从现在的东北新干线附近的路线组织中路进军。十九日,全军出征。各军在沿路又不断地组织当地武士,向着奥羽进军。

赖朝军向北推进基本没有受到任何抵抗,八月七日,开始进攻平泉藤原氏的坚实防线——阿津贺志山防垒。那里相当于现在的福岛县伊达郡国见町,离宫城县的县界很近。平泉方的大将军是藤原国衡,国衡带领着手下金刚别当秀纲和佐藤基治(即元治,佐藤继信和忠信兄弟的父亲)及主力军两万骑,在长达数公里的地区挖了宽五丈的两重壕沟,引阿武隈川的水入壕沟,并且建造了土垒以阻止赖朝军的行进。在这里,双方展开了奥州合战中最激烈的战役。

八月八日,畠山重忠率领八十八人的工兵往壕沟中填土,通过各种措施,赖朝的军队成功跨越了壕沟。之后的三天里双方军队展开了激战,但是最后赖朝的军队获得了胜利。十日,大将军国衡战败逃往出羽方向,但是与追去的和田义盛单独作战后负伤,又受到了畠山重忠的攻击,最后战死。泰衡当时在多贺城,接到了战败的报告后,向着陆奥的腹地逃去。

赖朝突破了阿津贺志山,挥军直指平泉。阿津贺志山战役之后,很快在八月十二日,赖朝军到了陆奥国的首府多贺城。之后,大军击退了残部的抵抗,于二十一日到达了平泉,次日二十二日冲入了泰衡的宅邸。泰衡已经在自己平泉的豪宅中放了火逃走了。次日,赖朝向朝廷报告了合战的胜利。

二十五日,藤原基成父子没有任何抵抗地投降了。次日二十六日,泰衡向赖朝送来文书请求留自己一命,解释说保护义经是出自秀衡的判断,并且还请求成为赖朝的御家人,或者被流放也可。当然,赖朝不会饶恕泰衡。九月二日,赖朝军为了追捕泰衡,再一次出发。赖朝军的目的地,是康平五年(1062)九月赖朝的先祖赖义平定前九年合战时战争结束的地方——故地厨川栅。

九月三日,泰衡的首级被送到了赖朝的面前。泰衡在逃往应当是现在的北海道——"夷狄岛"——的途中,被代代相传的家臣河田次郎杀死。据《吾妻镜》的记载,泰衡享年 35 岁(《尊卑分脉》的说法是 25 岁,此处也记下以供参考),他的官职是陆奥和出羽的押领使,管领(支配)奥六郡。押领使是负责管理、维持诸国治安的官职,一般由当地的武士担任,泰衡没有像父亲秀衡一样获得中央的官职。

另一方面,将泰衡的首级送给赖朝的河田次郎也被问罪,罪责是他不顾代代的恩义杀害泰衡,他被处斩首(据九月六日条)。这与赖朝非常重视代代相传的主从关系这一点一致,后面我也会提到。

九月四日,赖朝在陆奥国阵冈(今岩手县紫波郡紫波町)与北陆道军汇合。据记载,军队的总人数已经达到了二十八万四千骑。六日,赖朝在阵冈确认了泰衡的首级。赖义曾在前九年合战结束时将安倍贞任等人斩首,负责行刑的是衡山经兼。如今赖朝效仿先例,让经兼的曾孙时广检视泰衡的首级。不仅如此,在执行其他死刑时也让赖义时行刑人的后代担当同样的工作。这可以说是强调河内源氏与东国武士之间代代相传的主从关系的仪式。不过,《陆奥话记》里没有记载行刑的日期和行刑人。

赖朝在九月八日寄给吉田经房的书信中,向朝廷详细说明了合战的状况。其中,赖朝称泰衡是"非为贵人,曾相传家人也(不是什么有高贵身份的人,只不过是代代跟随河内源氏的家臣罢了)"。赖朝这是想要将自己在没有得到朝廷允许的情况下的出征,通过讨伐家臣的伦理来正当化。朝廷在次日九月九日发布了承认赖朝追讨奥州的口宣(口头传达朝廷的勅许)和院宣(以上据《吾妻镜》)。

十月十日,追讨泰衡的报告传到了京都。兼实在日记中记下了"天下之庆",并且开始选定给赖朝的赏赐(据《玉叶》十月十八日条）。就此，奥州合战被认可为朝廷下旨进行的正当的公战。十一月三日，赞赏赖朝、赏赐赖朝和手下的宣旨到了。赖朝虽然很高兴，但还是推辞了赏赐（据《吾妻镜》）。

就这样，赖朝终于确定了支持后白河的唯一官军的地位。并且，赖朝不顾天子的意图而一意孤行组织的战役被朝廷公认，从这件事我们能看出，事实上赖朝已经将朝廷置于自己的保护之下。

奥州合战的意义

对于赖朝来说，平泉藤原氏不仅仅是身边的威胁，也是和后白河有联系的强大武士团，是赖朝为了成为支撑王权的唯一军队无论如何也要打倒的敌人。因此，赖朝否定了随着义经被杀而认为"天下落居"①的朝廷，在没有得到勅许的情况下强行打响了战役。另外，平泉藤原氏手下的军队据说有十七万骑（据《吾妻镜》九月七日条），为了进行战争，需要在全国召集数量庞大的武士组成军队。

但是，这场战争与赖朝军在之前进行的战争有不同意义。也就是说，奥州合战是赖朝军进行的最后一场战争，是幕府转向日常运行的转折点。川合康提出，赖朝将奥州合

_____

① 指局势已经尘埃落定，天下和平。

战作为重新梳理与手下人之间主从关系的机会(据《镰仓幕府成立史研究》)。从赖朝亲自统治的御家人,到远在萨摩的惟宗忠久,赖朝动员起了全国的御家人,还将城长茂和佐竹秀义这些罪人们也纳入了主从关系,并且严惩不参战的武士。因此我认为应当认同川合氏的意见,赖朝确实在重新认识、组织手下,缔造新的主从关系。

另外,赖朝还在效仿前九年合战后赖义的做法。赖义在向终结战役的厨川进军途中的阵冈将安倍贞任斩首,赖朝也遵照同样的日程对泰衡进行枭首,前面我也提到了,赖朝让赖义时的行刑人的后代做了和先祖同样的工作。川合氏认为,赖朝之所以强调从赖义的时代开始河内源氏代代都是东国武士的家主,一方面是为了强化自己统治御家人的基础,另一方面也是想要向御家人们自豪地展示赖义对抗藤原秀乡等人的英勇先例。

赖义讨伐安倍贞任是河内源氏讨伐夷狄的先例,赖朝确实想要让手下人认识到河内源氏和东国武士之间的关系。但是,究竟赖朝是真的重视赖义的做法吗?平定前九年合战花费了七年的时间,而且其中黄海合战还是惨败,是靠出羽清原氏出兵救援才获得了最终胜利,所以并不是什么光荣的前例。另外,赖义和藤原秀乡都是四位的国长官,官位也是对等的,不能说赖义像对待御家人一样凌驾于秀乡之上。最主要的是,《吾妻镜》的记载中,除了奥州合战,赖朝其实也并没有特别重视赖义的其他做法。

　　在这里我们应该注意的是,赖朝攻打平泉、杀害泰衡,这是没有得到朝廷允许的私战。为了让自己的御家人认识到这场战役的正当性,赖朝不得不强调攻打泰衡是在讨伐御家人。泰衡的先祖藤原经清确实是身为代代相传的家臣与赖义敌对,最后惨败被杀。泰衡和贞任都是奥六郡的支配者,贞任与泰衡的先祖、河内源氏的御家人经清一起被讨伐杀死,讨伐二人的前九年合战正好适合作为追讨泰衡的先例。赖朝刻意强调前九年合战的先例,就是因为他想要将奥州合战正当化,而前九年合战是一个合适的例子。

　　平泉藤原氏灭亡,赖朝没了后顾之忧,而且还成了唯一的官军。之后,赖朝终于实现了长久以来的想要上京的愿望。

第九章　赖朝上京与后白河去世
——朝廷的大将军

1　对立的经过

赖朝进京

奥州合战的次年，建久元年（1190）十一月，赖朝终于回到了京都。虽然赖朝在前一年年末已经表示出了想要进京的意向（据《吾妻镜》十二月二十五日条），但是正好在那个时候平泉藤原氏的残党大河兼任在奥羽组织了大规模反乱，而镇压反乱需要时间，因此赖朝只能推迟上京的日程。

在进京之前，赖朝一再对朝廷让步，并且进贡财物。首先，赖朝从奥羽回到镰仓后，推辞了朝廷对奥州合战的赏赐

（据《吾妻镜》文治五年十一月六日、十二月六日条）。不仅如此，赖朝还将相模和伊豆之外的知行国都交回给了朝廷（据《吾妻镜》十二月二十五日条）。在奥州合战开始之前的文治四年（1188），赖朝还自请负责后白河的院御所——六条西洞院御所的再建（据《吾妻镜》），之后也为平安宫、后鸟羽天皇的专用皇居闲院皇居等的建设提供了经济支援。

　　除此之外，文治五年（1189）开始，赖朝还渐渐废止了东海道的地头。不过，被剥夺了地头的官职并且发配的是甲斐源氏的板垣兼信、源满政一支的高田重家和苇敷重隆（据《吾妻镜》建久元年八月十三日条等）等人，他们是以美浓和尾张为据点的军事贵族或者京都的武士。赖朝的做法也是在确保东海道的交通通畅，并且铲除有可能与王权联合的武士（勅使河原拓也氏）。

　　到了九月，赖朝在京都的落脚地也确定下来，是六波罗的平赖盛旧宅（据《吾妻镜》九月二十日条）。赖盛在坛之浦之战的次年文治二年（1186）六月二日去世了。原本赖盛领有的土地不在应当被没收的范围内，所以这里应该是赖盛去世后被赖朝接管。赖朝在这里建设了占地足有两町①大的宅邸。一般公卿宅邸的大小是一町，赖朝的新宅足有这个规模的两倍大。

---

① 日本古代的计量单位。一町约当 9917 平方米大的正方形。

十月三日,赖朝从镰仓出发了。二十五日,赖朝在尾张国野间为父亲义朝扫墓,十七日则是参拜了与母亲的老家关系匪浅的热田社,二十九日,在美浓国青墓宿赏赐了平治之乱时帮助自己藏身的旅馆的老者一族。

十一月七日,像是我在本书的最开头写下的那样,赖朝率领着千骑大军进入了京都。打头阵的是畠山重忠,队伍中间是被前后随从簇拥着的身着水干的赖朝,殿后的是千叶常胤。九条兼实在日记中记下:"白昼,骑马入洛,有存旨乎(大白天骑马进入京都,是有什么企图吗)?"(据《玉叶》十一月十七日条)这是因为在普通的日子里京都居然出现了如此大规模的军队,震惊到了贵族们。赖朝和他率领的军队是与贵族社会完全不同的战斗部队,因此在贵族们的心中留下了强烈的印象。毫无疑问,赖朝以胜者的姿态踏上了京都的土地。

与后白河的会面

赖朝进京的两日后,十一月九日,他在院御所六条西洞院大殿与后白河会面了。比起参加朝会,赖朝优先与后白河会面。院御所在文治四年(1188)四月被火灾烧毁,我前面也提到了,是在赖朝的资助下刚刚建好的。这里曾经是院的近臣平信业的宅邸,寿永二年(1183)十一月,法住寺殿在木曾义仲的攻击下被烧毁之后,后白河就把这里当作自己专门的院御所来使用。另外,在御所内还有作为后白河院领有庄园的上贡之处被熟知的佛堂——长讲堂。

后白河院在御所内的居所会见了赖朝。对于赖朝来说,从平治之乱算起,与后白河会面大概已经是时隔三十年的事了。据记载,两个人进行了长时间的密谈(据《吾妻镜》)。之后,二人之间还有八次会面。但是,关于两人交谈的具体内容,只有《愚管抄》中提到的关于赖朝肃清上总介官场的内容。

如前文所述,赖朝称对于后白河没有谋反之心,并且举了广常的例子来证明这一点。赖朝对后白河说,虽然广常在赖朝起兵时是功臣,但是却轻视朝廷,反对赖朝上京,如果继续让广常这种人在手下活动,赖朝担心会失去"冥加"(神佛的保佑),因此才将他杀死。慈圆听说了这一部分内容,将赖朝称为"朝家之宝"。

赖朝一直在向后白河说明自己已经对后白河尽忠,强调只有自己才是支撑后白河王权的唯一官军。文治元年(1185)十一月,赖朝在义经起兵、后白河宣旨追讨赖朝之际,将后白河骂作"日本第一的大天狗",但是,之后两人之间紧张的关系已经缓和。

不过,这次会见不可能只是赖朝单纯地向后白河表示谄媚。赖朝已经成为支援、保护后白河的唯一官军中的大将军了。可以说如果没有赖朝的军队,后白河院政就没有办法存续。因此,我在后文也会提到,赖朝与兼实会面的时候,自称自己是"朝(朝廷)之大将军"(据《玉叶》十一月九日条)。

对赖朝来说还有一个重要的问题需要解决。赖朝军队的基础,是战争中的新恩给与制度,这种制度含着"以牙还牙"的伦理。那么当幕府转向日常运营后,赖朝又应当怎样维持军队运转呢?赖朝的军队有怎样的责任,又能享受何种特权呢?我们认为,赖朝和后白河之间大概围绕这个问题展开了激烈的讨论。

与九条兼实的面谈

另一方面,被认为是赖朝一直以来的盟友的九条兼实,只不过和赖朝进行了两次面谈,一次和后白河在同一天,是十一月九日,另一次是十二月十一日。当时,兼实在赖朝的支持下坐上了摄政的宝座。关于二人第一次会谈中赖朝的发言,兼实在《玉叶》中留下了记载(现代文翻译)。

现在是由后白河法皇主持天下政务,而我归顺于法皇。虽然现在后鸟羽天皇只是东宫①,但是如果后白河去世,那么后鸟羽天皇就将成为新的政治中心。所以,我绝不认为你是可有可无的存在。我虽然表面上装作对你敷衍,但是这只是后白河提起后我担心引

——————————

① 日本院政期由上皇(法皇)执政,天皇相当于太子。

起误会，所以才这么做。

后白河已经 64 岁，在当时来看已经是相当长寿。如果年老的后白河去世，那么后鸟羽天皇就会成为政治的中心。但是，在当时，还不到 11 岁的后鸟羽很难单独施政，所以自然而然，作为摄政或者说关白的兼实也会成为政治中枢。赖朝已经预见到了这一点，所以与兼实约定，如果后白河去世，将会与兼实一起处理政务。

换言之，赖朝这是在向兼实表明，自己目前非常重视和后白河的合作。就像我已经写到过的那样，赖朝和兼实之间是难以形成非常紧密的政治联系的。从赖朝的角度来看，自己只不过是在发生义经问题、与后白河对立的时候利用了一下兼实而已。赖朝已经和后白河和解，那么对他来说兼实就没有什么利用的价值了。

兼实遵循着摄关家的惯例，在当年的正月将女儿任子嫁给了后鸟羽，并且期待着二人之间诞下皇子，而自己能成为外戚。但是，在次年建久二年（1191）四月，兼实收到了一个令他震惊的消息。兼实没想到，在十月时，赖朝的女儿大姬竟然也要入宫了（据《玉叶》建久二年四月五日条）。兼实震惊地记下："这样的大事，只有大神宫、八幡宫和春日大社才能推测到，不是能被人的心意左右的。"

自不必说，如果赖朝的女儿真的嫁给了后鸟羽，那么就会对兼实的地位产生巨大的影响。这是赖朝在没有和兼实商量的前提下做出的计划。这件事说明，两人之间的政治联系是非常薄弱的。

　　但是，就像赖朝所预料到的那样，已是高龄的后白河在建久三年（1192）突然去世。当时后鸟羽天皇只有 13 岁，所以关白九条兼实成了朝廷的中心。因此，赖朝觉得必须与兼实合作，所以想要改善和兼实间的关系，也放弃了让女儿大姬嫁给天皇的想法。

2　诸国的守护权

赖朝和官职

　　十一月九日，赖朝在与后白河会面后被任为权大纳言。文治元年（1185），由于追讨平氏有功，赖朝官至从二位，位列公卿，同年的正月，升为正二位。当时的左大臣藤原（德大寺）实定、右大臣藤原（三条）实房、内大臣藤原（花山院）兼雅等人都是正二位，因此从赖朝的位阶来看，成为大臣也并不奇怪。但是，赖朝坚决地推辞了（据《愚管抄》）。

　　大臣固定有七名，权大纳言是此外附加的官职，有浓厚的临时设置之官职的意思。建久元年（1190）十一月二十四日，花山院兼雅辞职，大臣的位置有了空缺，因此赖朝也被任命为右近卫大将（略称为右大将）。虽然赖朝在十二月一日向朝廷表达了感谢，但是两日后的十二月三日就辞退了权大纳言和右大将的职务。赖朝在最初就想推辞朝廷的赐官,有人认为他想成为征夷大将军,所以可能想要避讳在朝廷任职。也有一种解释是说,这是赖朝刻意表现出无意高官的态度。

但是,我也会在后文提到,赖朝并没有想要成为征夷大将军,也不可能在这件事上与后白河产生矛盾。另外,正如他自称"前右大将"一样,他本人并没有在避讳右大将的官职。权大纳言和右大将都是非常重要的官职,必须要在京都处理政务、参加仪式,但是赖朝需要早日回到镰仓。况且,赖朝原本就对朝会仪式知之甚少,他自然不可能长时间地任这两个官职。

在院政期,右大将的职位已经不再是武将,而是由大臣家以上的有力贵族兼职,成了一种表示身份的官职。但是,在后白河执政期,平重盛、宗盛兄弟二人依次被任命为右大臣,所以这个官职也开始有武将最高峰的意义。所以赖朝被任为右大将应该也是包含着同样的意思。不过,赖朝后来自称前右大将而不称前权大纳言,并不是因为他重视武官而避讳文官,只是因为右大将是大臣也会兼任的官职,比权大纳言的身份要高。

从此之后,赖朝没有就任除征夷大将军外的任何官职。就连他第二次上京的时候,也没有获得其他任官或者官位的提升。不过,到了三代将军实朝的时候,将军能够留在镰仓就任大臣、纳言之类的议政官(负责朝廷政务的官职)(据佐伯智广)，当时朝廷已经赋予了将军家和摄关家一样的家世，所以实朝的官职超越了父亲赖朝，担任右大臣和左大将。

"朝廷的大将军"

我在前面已经提到，赖朝和兼实会面的时候自称自己是"朝(朝廷)之大将军"(据《玉叶》十一月九日条)。这正是赖朝站在象征拱卫着朝廷的唯一官军的立场上的自称。赖朝一面支援后白河，一面为平治之乱中被视为谋反者而遭杀害的父亲报仇，不但灭亡了平氏，还铲除了源氏内部的各种竞争势力，最终成了朝廷和后白河王权的唯一拥护者。

建久二年(1191)三月二十二日，朝廷颁发了新制的条文，展示了赖朝的地位。新制是朝廷发布的自10世纪村上朝廷以来集合了宣旨等许多禁制和改革的法令集，平安和镰仓时代曾多次发布新制。建久二年三月新制的条文中，令"前右大将赖朝朝臣"与诸官司共同追查"海陆盗贼放火"一事。赖朝不但和朝廷的官司一起掌握了国家的军事和治安管理权，而且朝廷还将赖朝及其御家人放在了公认的警察机关的位置上。

另外，《吾妻镜》正治元年(1199)二月六日条记载，正月十三日赖朝去世后，朝廷对赖家下旨，称"继前征夷大将军源朝臣遗迹，宜以彼之家人郎从，使奉行诸国守护如旧"，命令赖家作为赖朝的继承人，继续率领御家人们守护诸国。这是赖朝所获得的权限的具体内容。

大番役象征着诸国守护权。建久三年（1192）六月，整个镰仓时代都存在的以大犯三条为基本职务的官职——守护登上历史舞台。大犯三条的内容被广为人知，包括检断（检查和断罪）谋反者与杀人者，以及督促大番。据《吾妻镜》六月二十日条记载，赖朝命令美浓国的御家人听从守护大内惟义的要求，督促国内的武士履行大番役。从此以后，大番役中负责守护皇居的武士仅能由御家人担任，也只有幕府的御家人能够享受督促大番役的荣誉，既而获得朝廷赏赐的官职。战争时是通过战役获得新恩给与，而转向日常运营后，幕府创设了新的赏赐御家人的办法（据高桥典幸《镰仓幕府军制与御家人制》）。

随着守护的制度化，可以说镰仓幕府名实兼备，正式成立。国家的军力有一大半都掌握在幕府手中，并且幕府还拥有军事和治安管理权。终于，院、摄政家、平氏等诸权门各自拥兵相互斗争导致的内乱迎来了结束。

赖朝在京都停留了一月有余，除了与后白河和兼实会面，还到与河内源氏关系匪浅的石清水八幡宫和东大寺参拜（据《愚管抄》）。建久元年（1190）十二月末，赖朝回到了镰仓。

与延历寺的冲突

建久二年(1191)年初,一件赖朝想象不到的事件在等着他。四月,围绕着延历寺千僧供养的费用征收问题,延历寺和近江守护佐佐木氏发生了冲突。

据记载,寿永二年(1183)延历寺开始征收千僧供养的费用,为了供奉清盛,平氏将佐佐木庄的年贡进献给延历寺(据《源平盛衰记》)。那是平氏从佐佐木秀义手中夺走佐佐木庄的期间决定的,对于佐佐木氏来说是不愿意负担的费用。而且这一年由于水灾,以及赖朝上京的花销,佐佐木氏进贡的时间推迟了。再加上延历寺在政治上原本就是与平氏亲近,所以延历寺和幕府的守护佐佐木氏发生冲突是必然的。

三月,为了收取年贡,延历寺的数十位法师袭击了佐佐木氏的住所。当时,家主定纲不在府中,因此留在府里的儿子定重击退了法师们。但是,打斗中发生了法师死伤、神镜被破坏的丑事。

延历寺方面大怒,四月二十六日,恶僧们甚至扛着神舆在日吉、祇园、北野神社游行,要求发配佐佐木一族。朝廷虽然探讨了如何抵抗游行,但是就算别当是一条能保,检非违使也没有帮忙,当时在京都的镰仓武士只有少数几人。另一方面,恶僧的行动非常迅速,很快就抬着神舆到了皇居,放下神舆就退走了。当时,在宫中负责警卫的安田义定的手下中还有人员伤亡。

抵抗游行的行动惨败,因此朝廷不得不将佐佐木定纲发配至萨摩,将定重发配到对马,其他相关者和手下也收到了严厉的处罚(据《玉叶》)。而且不知道为何,原定于被流放到对马的定重,突然在近江国唐崎被斩首(据《吾妻镜》五月二十日条)。赖朝对延历寺的势力完全屈服。如前文所述,在追捕义经之时,赖朝也毫不回避攻击延历寺,但是这次他的态度为什么有了这么大的转变,放弃守护自己手下的得力御家人呢?

这是因为赖朝的手下没能阻止恶僧的游行。这是镰仓军队第一次负责抵抗游行,对作战方式陌生的同时,负责指挥的一条能保还只是个半吊子的武士,因此行动失败了(据佐伯氏)。然而,其实从久安三年(1147)延历寺游行要求流放平重盛和清盛父子,被鸟羽院控制住后,朝廷再也没能成功抵抗延历寺的游行。嘉应元年(1169),延历寺控诉院的近臣藤原成亲,安元三年(1177)又控诉藤原师高,当时就连平氏也被卷入其中,闹得一片混乱,所以后白河不得不妥协。

游行不是谋反或者单纯的战役,而是宗教性示威行为。不能伤害恶僧或者神人(在神社做杂役的下级神职人员),也不能损伤神体,只能通过阻止他们进入京都这一个办法。

只要把游行的队伍放进了京都，那么就不得不屈服于拥有神威的恶僧们。赖朝也知道抵御游行是非常之难的。

如果赖朝保护佐佐木氏，那么有可能导致恶僧们再度游行，甚至动摇后白河的王权，也可能会影响赖朝自己的权威。赖朝牺牲了定重，以回避与延历寺敌对。就这样，赖朝可能深深地感受到了把庄园领主也纳入保护对象的"诸国守护"的举步维艰。建久四年（1193），定纲获得了赦免，赖朝赐给他长门和石见的守护及各地的地头职，这也是想要弥补他（据上横手雅敬《镰仓时代政治史研究》）。

3　后白河去世与大将军

后白河去世

即使是回到镰仓之后，赖朝还是对后白河进行着经济援助，例如在次年建久二年（1191）他资助了院御所法住寺殿的重建。我在前面也提到过，这不是赖朝单纯在巴结后白河，而是在夸耀自己身为王权保护者的身份。

建久三年（1192）三月十四日，后白河去世，享年66岁。虽然没有和白河院一样活到77岁，但还是比他54岁就去世的父亲鸟羽院要长寿。后白河本来只是作为过渡的天皇坐上了皇位，经历了被囚禁、院政被迫停止等苦难，最终确定了自己王权的正统性，度过了波澜壮阔的一生。赖朝虽然曾经因为义经的问题与后白河产生尖锐的对立，但是除此之外，可以说二者之间一直保持着和谐的关系。从赖朝起兵以来，他一直将后白河作为自己领导着正统军队的根据，如今后白河去世，赖朝不得不转换自己维持权威的方针。

如前文所述，后鸟羽天皇年仅13岁，所以掌握了政务实权的是关白兼实。就这样，赖朝需要像之前和兼实会面时约定的那样，与兼实合作施政。《愚管抄》描述当时施政的情况，称"兼实和赖朝一边商量一边施政"。当然，赖朝也放弃了让女儿入宫一事，转而筹办大姬和一条能保的长子高能的婚事（据《吾妻镜》）。兼实期待着自己身为后鸟羽中宫的女儿能够诞下皇子，后白河的去世其实对兼实有利。

此外，兼实让自己的长子良经迎娶了赖朝妹婿一条能保的女儿，通过姻亲关系，兼实也在计划着与赖朝拉近关系。建久四年（1193），能保的女儿生下了一子，也就是后来的九条道家。这个孩子名三寅（九条赖经），他与河内源氏也有血缘关系，所以在实朝去世后成了幕府的第四代将军。在与赖朝的合作关系中，兼实迎来了自己的全盛期。建久五年兴福寺供养仪式春日参拜之时，兼实让中纳言骑马跟随，这是能与曾经的道长①相匹敌的权势，招来了路人的侧

① 指平安中期的公卿藤原道长。道长有三个女儿嫁给天皇，权极一时。

目(《愚管抄》)。

当然,后白河的近臣势力不会随着他的去世彻底瓦解。这股势力的中心是院的爱妾丹后局。她本名高阶荣子,出自高阶氏,族里是国长官辈出的中流贵族。她的父亲应当是法印澄云(澄云的父亲应当是上座章寻)。

丹后局原本是院的近侍平业房的妻子,但是业房在治承三年政变中被平清盛杀害,之后她就一直服侍后白河,并且还给后白河生下了皇女觊子内亲王(之后的宣阳门院)。觊子内亲王继承了长讲堂领(后白河积攒的王家领庄园群,与八条院领一起并称两大庄园群),因此丹后局作为觊子内亲王的母亲和监护人,在朝廷有巨大的影响力,在村上源氏一支的公卿源(久我、土御门)的政治支持下与兼实对立。

之后不久,建久六年(1195)赖朝第二次上京时,再次想要让大姬嫁入皇宫,因此接近了支配着后鸟羽后宫的丹后局和宣阳门院。

成为"大将军"的要求

后白河去世后赖朝的各种行动中,我们应当注意到的是他在七月向朝廷提出想要被任命为"大将军"。以前,学界一直将其理解成赖朝与后白河之间曾经围绕"征夷大将军"的问题产生过对立,所以这是赖朝抓住了后白河去世的机会,得到了想要的官职。但是,近年有学者介绍了内大臣中山忠亲的日记《山槐记》的重要部分摘抄《三槐荒凉拔书要》建久三年(1192)七月九日的记事(据樱井阳子《围绕赖朝的征夷大将军任官》),我们能够知道,赖朝虽然不想做"前右将军",但是只是想要成为"大将军",他绝对没有想成为征夷大将军的企图。

朝廷接受了赖朝的请求,提出了"惣官"(总官)、征东大将军、征夷大将军、上将军等备选官职。经过讨论,觉得治承五年(1181)平宗盛为了追讨赖朝曾经担任总官,寿永三年(1184)木曾义仲也为了追讨赖朝担任过征东大将军,因此这两个先例都不吉利,而上将军则是中国的官职,因此也被排除了。最终,用排除法确定下来给赖朝的官职是没有不吉含义的、仿照坂上田村麻吕的先例设置的征夷大将军。有些学者认为,赖朝作为征夷使的"大将军"是有想要从天皇那里夺取大权的企图的,但是我们通过其他候补的官职可以看出,赖朝并没有这个想法。

那么,在后白河去世之后,赖朝为什么向关白九条兼实要求"大将军"的官位呢?大概这是因为,随着后白河去世,赖朝在改变自己与兼实合作的方针吧。右大将是后白河赐予赖朝的官职,也意味着和院之间的政治联系。而在院去世后,赖朝为了协调与掌权者兼实的关系,需要一个象征二人关系的官职。但是,由于赖朝不能轻易进京,所以也不能跨过大将直接担任大臣。因此,赖朝才想要向朝廷请求一个住在京都之外也能担任的、和自己二位公卿的身份相吻合的,而且能象征权威的官职。所以赖朝请求担任"大将军",就任征夷大将军是这一系列忖度的结果。

就这样,可以说赖朝也是偶然间就任了征夷大将军,而这个官职还没有成为幕府首长的官职被确定下来。因此,赖朝在建久五年(1194)辞任了征夷大将军(据《尊贵分脉》),而二代镰仓殿赖家成为征夷大将军则是在赖家继承幕府之后三年的建仁二年(1202)。从那时起,征夷大将军才成为了幕府首长固定的官职。如果我们上溯征夷大将军的历史,就能明白不能将赖朝就任征夷大将军作为幕府成立的标志。

将军家政所下文

赖朝就任征夷大将军后,开始正式发布政所下文。据《吾妻镜》记载,建久二年(1191)正月十五日,赖朝刚从京都回到镰仓之时,就开始发布前右大将家政所吉书始,但是当时文书的性质还有待探讨(据黑川高明《源赖朝文书研究》),下文的次数也屈指可数。因此,正式发布的政所下文应当是从建久三年八月五日赖朝就任征夷大将军、设置政所之后开始。

政所是以摄关家为首的公卿家中设置的家政机关,担任管理土地、下发文书等职责。政所的职员由五位以上被称为家司的几位别当,和六位以下被称为下家司的实际处理事务的人员构成。《吾妻镜》文治元年(1185)九月五日条中第一次出现了赖朝政所的记载,这应当和其他贵族一样,是赖朝在元历二年(1185)四月由于追讨平氏有功官至从二位后开始设置的。当时政所的别当由同时也担任公文所别当的大江广元担任,但是建久三年以后,醍醐源氏出身的下总守源邦业也担任过这个官职。赖朝的政所与一般的公家政所一样,在早期有不只一个别当,这也是后世的执权、连署制的渊源。

赖朝最先对千叶常胤发布了政所下文。这表示出赖朝对常胤的重视,但是却导致了常胤的反抗。常胤抗议说,这份下文与之前的袖判下文不同,文书中没有赖朝的花押,只有家司的署名,常胤认为这不足以向后世证明这份文书来自赖朝。因此,赖朝同时也下发了袖判下文。九月十二日,赖朝对小山朝政也同样同时发布了政所下文和袖判下文。

袖判下文的开头就是赖朝的花押,表示这份文书是人性化的,而政所下文则是利用政所这一官僚组织作为媒介,同时展现出赖朝的官位,也有利用王朝的权威让镰仓殿拥有正当性这一目的(据上横手雅敬《镰仓时代政治史研究》)。将军家正式开始发布政所下文说明将军和手下武士的主从关系已经发生了变化,从战时的大将军和家臣的关系,转向了日常的征夷大将军和御家人的关系。

文治二年(1186)正月,赖朝参拜鹤冈时供奉人的座次上,六位的父亲千叶常胤和他五位的儿子胤赖相对而坐,说明比起父子关系,赖朝更重视代表王朝权威的官位。下发政所下文也和这件事一样,表明赖朝的态度,赖朝用王朝权威武装(郑重而庄严地装饰)镰仓殿,同时赏赐给手下官位,想要让御家人们等级分明,进一步让大番役成为御家人的特权和名誉。

我们很容易从赖朝依存老旧的王朝权威这一点上批判他。但是,进行新恩给与也仅仅是由于战争才成为可能。而在内乱之前,对武士的赏赐就是官位。赖朝领导的幕府已经转向日常运行,依靠以官位为中心的王朝权威来维持主从关系也是理所应当的。

第十章　赖朝的晚年

——权力继承与"失政"

1　曾我事件与镰仓殿继承

富士野的狩猎与曾我事件

　　建久四年(1193)四月,为后白河服丧结束,赖朝在下野国那须野、信浓国三原野、骏河国富士野等各地举行了大规模的卷狩活动,展示自己的权威。卷狩①是武士带领猎犬和势子(狩猎中的辅助者)从各个方向围堵猪、鹿等猎物然

---

① 日本中世时期,集游兴、神事与军事训练于一体的狩猎活动。后文中按照捕猎方式将其翻译为"围猎"。

后将其捕杀的特殊的狩猎。由于围猎与实战一样,需要武士们骑在马上奔走射杀猎物,也就是骑射,因此对武士们来说也是一种军事训练。虽然天皇和公家也会狩猎,但那种狩猎是鹰狩,由鹰司驱使鹰犬追捕野鸡之类的猎物,和武家的狩猎有很大不同。另外,武士的狩猎还意味着驱赶破坏农作物的有害走兽,这也是他们作为保护农业的领主的职责。

赖朝指定了那须野和三原野围猎中射手的人选,煽动御家人竞相表现对自己的忠诚,但是在富士野围猎中却没有进行选拔,这是因为赖朝想让自己的儿子赖家实现初次围猎就获得猎物的壮举(据木村茂光《赖朝与街道》)。

骏河守护北条时政负责准备富士野的围猎,五月十五日,赖朝到达了狩猎场。翌日,赖朝的嫡子赖家射中了鹿,赖朝非常高兴,当晚举行山神祭祀和矢口祭祀①,北条义时献上了仪式用的糯米点心。糯米点心是需要提前准备的,所以赖家获得功勋应当是提前定好的。

赖家虽然是赖朝的长子,但是他出生于寿永元年(1182),当时还处在源平争乱的战争中,此时他 12 岁,还没有举行成年礼。赖朝已经 47 岁了,这个年龄可以说已经步

---

① 武士获得猎物后,用黑、白、红三色糯米点心祭祀山神,射手们进行宴饮的活动。

入了老年,此时还没有定好继任者,这也是幕府不安定的一个重要原因。因此赖家在狩猎中的登场有重要意义。

不过,在围猎活动正进行到高潮的时候,五月二十八日夜晚,突然发生了曾我兄弟报仇的事件。曾我十郎祐成和五郎时致兄弟二人侵入了赖朝等人的营地,杀害了二人的父亲河津祐亲的仇敌工藤祐经。当时是深夜,而且还下着暴雨,营地发生了混乱,很多御家人受伤。祐成最后被仁田忠常所杀,而时致则攻入了祖父伊东祐亲的仇人赖朝的住所,赖朝不得不亲自与他对战。最后,时致被大友能直抓获,赖朝在审问他后将他处刑。

这件事发生的同时,赖朝肃清了常陆国的御家人,之后赖朝的弟弟范赖失势,大庭景能和冈崎义实还有他们以下的一些赖朝起兵时的老臣出家。从这样的结果来看,曾我事件不是单纯的报仇,而是一件非常严重的政治事件(据坂井孝一《曾我物语的历史性研究》)。

范赖失势

事件发生的原因我在前面已经提过(参见本书第 40 页),工藤祐经在上京的过程中,被叔叔①祐亲抢走了土地和妻子,祐经为了报复,杀害了祐亲的嫡子河津祐泰。之

---

① 祐经的祖母是祐亲祖父和后妻所生的继女。

后，由于祐经对京都的文化风貌很熟悉，成了赖朝身边的宠臣，但是遭到祐泰的遗孤曾我兄弟报复丢了性命。这件事向我们展现了东国社会以牙还牙的伦理，和东国武士们之间的矛盾。

曾我兄弟是伊东祐亲的孙子，在他们的父亲去世后，他们的母亲嫁给了曾我祐信，因此二人改姓曾我。建久元年（1190），北条时政做了弟弟时致的乌帽子亲，为他举行了成年礼（据《吾妻镜》）。男子成年时为他带上乌帽子①，并且为他起乌帽子名②的义亲，一般都由男子的主君来担当。正因为如此，很多人认为曾我兄弟是时政的手下，这件事也是由时政引起的。时政和赖朝之间没有血缘亲情，因此也有一些人认为这是时政想要暗杀赖朝所以计划的行动。

但是，时政和赖朝认定的继承人都是赖家，二人的利益关系是一致的。没有什么事情能让时政冒险偷袭赖朝，而且在这件事之后赖朝和时政之间也没有产生距离。最主要的是，时政根本不可能在赖家应当闪耀的舞台策划杀人。另外，杀死曾我兄弟中哥哥祐成的是时政的亲信仁田忠常，因此祐成很可能是想要杀害时政的。兄弟两人脱离了赖朝的控制，展开了报复行动。在这里我们应该注意到一个可

① 日本的平安时代一直到近代，成年男子身着礼服时所戴的袋状的帽子。
② 本男子成年之前用幼名，成年后改名，其中一个字来自自己乌帽子亲的名字。

能与这件事有关的事件——范赖的失势。

　　根据《吾妻镜》记载，八月二日，范赖被怀疑有谋反之心，因此向赖朝上书辩明。书中的这段记载没头没尾，我们也不知道它是否和曾我事件有关。另一方面，史书《保历间记》记载了范赖失势的原因，是在曾我事件发生时，政子无法获得赖朝的消息，范赖对狼狈的她说，只要有自己在幕府就会安泰，因而导致赖朝对他产生了怀疑。

　　之后，八月十日，范赖的心腹当麻太郎被发现躲藏在赖朝住所的地板下面，十七日，幕府决定发配范赖和当麻。之后范赖被祐经的弟弟宇佐美祐茂（也名助茂）押送往伊豆。从此之后，范赖消失在了历史记载中，恐怕是遭到了暗杀。十八日，范赖的手下也被讨伐，二十二日，曾我兄弟的异父兄弟原小次郎由于范赖的事情遭到连坐，也受到了处罚（据《吾妻镜》）。这些记载仿佛是在说曾我事件的幕后黑手是范赖一般。

　　终于，二十四日，石桥山合战以来的功臣——大庭景能和冈崎实家也出家了。书中称这是他们常年来的素怀（长久以来的愿望），但是具体的理由不明。不过，从他们出家的时期来看，这些人可能与范赖问题有牵扯。

镰仓殿的继承

　　曾我事件展现了幕府复杂的态势，但是囿于史料的限制,有很多种说法,我们很难去辨明真相。不过,在这个时期,幕府逐渐转向日常运行,无疑,御家人以及范赖的身边有很多人因此积累了不满。

特别是范赖,他自己在源平争乱的过程中立下了不少功劳,而镰仓殿的继承人却是没有实战经验、年纪尚小的赖家,因此他应该非常不满。除此之外,大番役和政所下文都代表着幕府正在渐渐从以战争为中心的战时体制转向重视王朝权威的日常体制。而在奥州合战打响的时候,大庭景能等人主张将军的命令要高过天子的命令,以牙还牙要高过王朝权威,因此自不必说在这个过程中他们心中也堆积了愤懑。

曾我事件应当是在幕府的暗潮涌动下发生的。虽然我们不能确定没有参加围猎的范赖到底是不是真正的幕后黑手,但是,事件的发生和幕府转向日常运行,以及部分御家人对没有实战经验的赖家成为继承人的不满脱不开关系。结果,范赖被肃清,拥护他的老臣也被迫失势。曾我事件后,赖家的地位变得稳固,赖朝还清理了对幕府转换运行方针不满的那些人。

随着范赖被肃清,能够威胁赖家地位的就只剩下源平争乱的功臣安田义定一族了。不过,同样是在建久四年(1193)十一月二十八日,安田义定的嫡子义资获罪竟然被斩首。罪名是义资在寺药师堂供养之时,向政子听经的地方投掷"艳书"(情书)。虽然刑罚过重,但是这其实只是想要削弱敌对势力的借口,就和之前一条忠赖被肃清一样。毫无疑问,《吾妻镜》的记载也是在模糊真相。不然,难道真的是义资向政子求爱惹怒了赖朝吗?

　　义资的父亲义定同时也被处罚,并且在次年八月甚至被怀疑要谋反而被处刑。安田一族凭借自己的势力支配着远江,一时强盛,之后也轻易地灭亡了。这也可以说是赖朝采取孤立政策分裂甲斐源氏的结果。从此以后,再也没有什么人可以威胁到赖家,他镰仓殿继承人的身份稳若磐石。

2　再次进京与筹划大姬进宫

再次进京与东大寺供养

　　赖朝肃清范赖和安田一族后,不但赖家的地位稳固,赖朝还得以将二族曾经管理的三河和远江彻底掌握在手中(据前揭木村茂光著作)。在这样的前提下,建久六年(1195)二月,赖朝第二次进京了。队伍的规模还和他建久元年上京时的一样,但是不一样的是,赖朝这次带着自己的妻子北条政子、女儿大姬,还有长子赖家。

　　赖朝出席了东大寺大佛殿落成供奉一事,又一次企图把自己的女儿大姬送进后鸟羽天皇的后宫。同时,赖朝还想让自己的继承人——已经快要14岁即将成年的赖家也实现在朝廷的首秀（据木村茂光《初期镰仓政权的政治史》）。三月四日，和上次进京时一样，赖朝住进了六波罗的宅邸。

三月十二日，赖朝作为大檀越（施主）参加了东大寺大佛殿等建筑的重建供奉仪式。治承四年（1180）末，平清盛命令手下平氏军队攻打东大寺，导致东大寺烧毁，距今已有十四年。这次仪式不但后鸟羽天皇亲自出席，天皇之下还有天皇的母亲七条院、关白九条兼实、大纳言德大寺实家及执掌诸仪式的公卿参加。

重源作为大劝进（负责征集捐款的僧人）主持重建，但是最初募捐受到了地头的反抗，因此他向赖朝请求支援，想要借助赖朝的权威征收重建的费用。虽然，文治元年（1185）的大佛开眼供养仪式上，是后白河作为主角为大佛开眼①，但是这次赖朝代替了后白河的位置（据上横手雅敬《赖朝与东大寺复兴》）。重建东大寺是整个朝廷的大事，赖朝取代后白河完成了这件事，因此赖朝心中大概也自满地认为自己是朝廷的中心和保护朝廷的人。

据《愚管抄》记载，仪式上，武士们冒着大雨，严密地保护着赖朝。这样的景象让慈圆惊诧，在赞叹的同时，应当也有一些恐惧。再加上赖朝担心平氏残党来袭，因此没有解

---

① 安置新完成的佛像或佛画时举行的仪式的总称，意在为其注入佛的灵魂。

除警备,也不想进入大佛殿。慈圆并不是唯一一个转而畏惧武士的人。

铸造了大佛的宋朝工人陈和卿也以赖朝手中人命太多为由,拒绝与赖朝会面,并且送还了赖朝的礼物。主持重建的重要人物重源也逃进了高野山,因此推迟了与赖朝的会面,导致赖朝迟迟不能回到镰仓。赖朝可能也痛感自己就算拥有至上武力也绝不可能替代后白河吧。这样的赖朝所求的只有一件事,那就是让女儿大姬嫁入宫中,与王家缔结姻亲关系。

接近宣阳门院派

建久元年(1190),赖朝上一次上京时,从十一月七日待到十二月十四日,仅停留了一月有余。与此相对,这次则是从三月四日一直待到了六月二十五日。其中一个原因自然是东大寺供养期的延长,不过排除这个原因,从三月中旬开始计算的话,赖朝也在京中待了百日以上。赖朝留在京都的一个重要目的是想要通过运作让长女大姬嫁给后鸟羽天皇。

赖朝从东大寺回到京都后,马上就拜访了后白河院的皇女宣阳门院(觐子内亲王)的御所——六条殿。六条殿是旧后白河院的御所,是六条西洞院殿也就是长讲堂的所在地。宣阳门院继承了长讲堂,成了旧后白河院近臣集团的中心。以她为核心的集团支配着后鸟羽的后宫。赖朝想要将大姬嫁入宫中,因此接近宣阳门院和她身边的人。

宣阳门院是后白河和丹后局所生的皇女,出生于源平争乱中的养和元年(1181),在建久二年(1191)成了女院。虽然她成了女院,但是也只有 15 岁,所以还受制于母亲丹后局和女院别当源通亲。以宣阳门院为中心的势力被称为宣阳门院派。

源通亲是村上源氏嫡支,也可按照他宅邸的所在地称呼他为久我或者土御门,他的祖先是平安中期的村上天皇。村上天皇的统治被称为天历之治,因而被大家熟知。村上天皇的孙子师房被赐源姓,他的后代被称作村上源氏。师房后来成了道长的女婿,因此他获得了相当于摄关家的地位。村上源氏在以前肯定是不会和摄关家对立的(据桥本义彦《平安贵族》)。

村上天皇—具平亲王—师房—显房—雅实—雅定—雅通—雅亲

源通亲的谱系

11 世纪末期,村上源氏作为堀河天皇的外戚获得了巨大的势力,师房的孙子雅实成了太政大臣。但是,在此之后逐渐失势,于是通亲的父亲攀附美福门院等院的近臣,以保持自己的政治地位。通亲也一样,他原本是亲平氏派的,是高仓院的近臣,但是在平氏没落之后又巧妙地与后白河院和丹后局接近。通亲娶了后鸟羽的乳母高仓范子为妻,对后鸟羽的后宫有一定的影响力，后来成了宣阳门院的别当。

三月二十九日，赖朝将丹后局请到了自己在六波罗的宅邸，请她与政子和大姬会面，并且准备了豪华的礼物——装着三百两砂金的莳箱（可能是装饰有莳绘①的箱子），垫在箱子下面的是白绫三十端②。赖朝还给随行的诸大夫和护卫送了礼物。四月十七日，赖朝再次邀请丹后局到六波罗邸（据《吾妻镜》）。自不必说，这些都是大姬入内运作的一环。

相反，赖朝与九条兼实之间的关系变得冷淡。《愚管抄》也称赖朝和兼实的会面"气氛冷淡"。赖朝应该是将与兼实的会面排在了与丹后局的会面之后，关于二人谈话的内容，根据《玉叶》的记载，应该仅仅是"谈杂事"而已（据三月三十日条）。而且，赖朝赠送给兼实的礼物也只有两匹马，少到令兼实震惊。

虽然四月十日赖朝和兼实进行了长时间的对谈，但是这是由于赖朝想要重新设置之前兼实废止了的长讲堂领庄园，而且最后兼实也没有答应（据桥本义彦《源通亲》）。之后，在五月参拜四天王寺时，赖朝拒绝乘坐妹婿一条能保准备的船，而是借用了丹后局的船。赖朝拒绝与能保同行，伤了能保的面子。兼实的嫡子良经是能保的女婿，赖朝的做

---

① 日本的一种漆器装饰工艺，在漆器上用漆绘制纹样，趁漆未干时撒上金属粉。
② 日本古代表示布匹长度的单位，一端的长度有几种说法，未定。

法也是为了亲近丹后局，排挤兼实派。在后鸟羽的后宫中宣阳门院派有很大影响力，他们自然会与中宫任子的父亲兼实尖锐对立。

大姬进宫工作

大姬出生于赖朝起兵之前的元历元年（1184），当时还年少的大姬被许配给了义仲的儿子源义高。义高被赖朝杀害后，大姬就一直"气郁"，也就是郁结于心。建久二年（1191）赖朝第一次上京后没多久，就开始准备让女儿入宫，但是一切的前提都是与赖朝合作的后白河院。随着后白河去世，兼实获得朝廷的大权，赖朝中断了大姬进宫的运作。建久五年，赖朝考虑让大姬嫁给一条能保的儿子高能，但是大姬严辞拒绝。

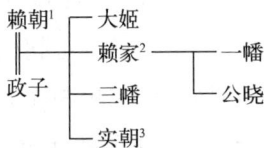

```
赖朝¹ ┬ 大姬
      ├ 赖家² ┬ 一幡
政子 ─┤      └ 公晓
      ├ 三幡
      └ 实朝³
```

赖朝的子孙（数字为就任将军的顺序）

次年，赖朝第二次进京，也重新开始大姬进宫工作。从这一点来看，有些学者认为赖朝是想要为不幸的女儿找到最好的丈夫，是父爱的表现。但是，在大姬去世后，赖朝又想让她的妹妹三幡（乙姬）进宫，从这里来看，赖朝让女儿入宫的想法并不是单纯出自父爱。而且，即使在赖朝去世后，三幡进宫的计划也没有停止。所以,入宫计划一定不是赖朝个人的想法。

赖朝去世后推进三幡进宫计划的应当不是赖家,而是政子,想要通过让外孙女嫁给天皇而和王家缔结姻亲关系的北条时政应该也有参与。赖朝计划让大姬和三幡进宫,也是想促成北条氏和王家的联结。如前文所述,赖朝将北条氏和比企氏看作是将军家的支柱,并且想要促成二者一体化。比企氏成了未来赖家将军的外戚,与此相对,北条氏拥有京都的人脉而且也想要提高家世,因此赖朝计划让北条氏成为王家的姻亲。

另一面,关于大姬进宫的计划,有一种说法在学界很普遍。很多学者认为,赖朝想要推举大姬生下的皇子成为东国的王,并且进一步在东国建立新的政权,但是最终失败。这些学者指出,赖朝这种想要依赖王朝权威的做法,是失策地步了清盛的后尘,也体现出了赖朝作为贵族的一面。

但是,赖朝自称"朝之大将军",夸耀自己将朝廷置于保护之下,我们很难相信这样的赖朝会刻意在东国拥立皇族为"王"。我前面也有提到,赖朝开始在管理御家人时利用王朝的权威,如此,赖朝就必须要控制朝廷。然而赖朝认为兼实的政敌也有很多,光与兼实合作的话不够保险,所以才想亲自在朝廷中安插自己的人。最直接的做法就是让女儿嫁进宫里,让未来的外孙继承皇位。

赖朝肯定也想到了清盛的失败吧。清盛不应该在控制朝廷的同时发动治承三年政变强行改变朝廷运行体制，这也导致了之后地方武士反乱，政权瓦解。但是，赖朝做到了清盛没能做到的事，他成功地掌控了地方武士。在此之后，赖朝要解决的问题不过是控制朝廷而已。赖朝已经掌握了全国的军力和大量的财富，对于他来说，笼络在后宫执牛耳的院的近臣、让女儿进宫之类的事应该是非常容易的。赖朝可能已经预想到了自己会超越清盛，而且距离获得将公家和武家都掌握在手中的权力就只有一步之遥。

六月三日，作为赖朝的继承人首次露面的赖家与后鸟羽会面，获得了后鸟羽赏赐的御剑。但是，赖家已经过了14岁，朝廷却依然没有给他举办成人礼的意思，也没有授予他官位。建久八年（1197）赖家才第一次获得官位。也就是说，可能是由于赖朝与关白兼实之间的矛盾，赖家才没有成人礼，也没有官位。

之后的六月二十五日，各种各样的活动结束后，赖朝离开了京都，并且于七月八日回到了镰仓。

3　晚年"失政"

建久七年政变与大姬去世

建久六年（1195），关白兼实的女儿中宫任子怀孕。兼实举办了规模空前的祈愿仪式,希望女儿能够诞下皇子。但是,八月,任子产下的却是女儿。这就是升子内亲王,后来的春华门院。兼实渴望的皇子没有到来,外戚的宝座离他越来越远,他也逐渐丧失了政治上的凝聚力。

另一方面,同年十一月,源通亲的妻子高仓范子与前夫的女儿在子为后鸟羽诞下了第一个皇子为仁。虽然通亲和在子只是继父和继女的关系,但是如果为仁即位,通亲就将成为天皇的外祖父。按照贵族社会的惯例,到时候通亲就有可能晋升为大臣,能够守住村上源氏作为大臣世家的地位。

次年的建久七年(1196)十一月,发生了动摇朝廷的大事件。兼实在摄关的位置上坐了十年,突然被罢免了关白的官职。在此之前,兼实的女儿中宫任子被赶出宫。不仅如此,兼实的弟弟、天台宗座主慈圆也被解任,事情发展到了九条家一门彻底被排除出朝廷的地步。这件事史称建久七年政变。后白河的近臣近卫基通重新担任关白。

政变的首谋是权大纳言源通亲,赖朝也默认了政变的发生。据兼实的家司藤原(三条)长兼的日记《三长记》记载,有流言称,凡是到访九条家的人都会受到赖朝的处罚(十一月二十八日条)。通亲应该是应允赖朝帮助大姬进宫,获得了赖朝的支持。赖朝的目标就是让大姬入宫,可以说兼实下台和任子出宫都有利于他的谋划。虽然很多人认为政变发生的原因是通亲的谗言，但是除此之外，兼实掌握过大的权势，以及对后鸟羽的母亲——院的近臣坊门家出身的七条院（藤原殖子）的无礼等也让后鸟羽愤怒，并且对他产生了不信任感（据上横手雅敬《兼实的垮台》）。

次年建久八年（1197），赖朝认为自己推进了大姬入宫工作的时候，悲剧袭来。七月十四日，经过长时间与病魔的斗争，大姬去世了。虽然大姬发病是在回到镰仓之后，但是这也可能是长时间的奔波和入宫的计划击垮了她的心灵。虽然德大寺公能的儿子、之后成为天台宗座主的高僧实全法印前往镰仓为大姬祈祷，但她还是撒手人寰。

我们不难想象大姬去世后赖朝与政子夫妇的悲痛，但是，这段时期《吾妻镜》的记载佚失，除了记载简略的《愚管抄》外没有其他史料，所以我们无法得知赖朝的心情与大姬去世前后的详细经过。赖朝之前放弃与兼实合作转而推进大姬进宫的工作，但是最终他的运作都打了水漂。

土御门天皇与源通亲

兼实下台，大姬去世，赖朝对朝廷的影响力也随之降低。在此间隙，建久九年（1198）正月，通亲继女的儿子为仁天皇作为后鸟羽的长子践祚，称土御门天皇。通亲成了天皇的外祖父，获得了巨大权威。不过为仁的母亲在子的生父是僧侣能圆，朝中很多人都觉得不应该让僧侣的外孙践祚。赖朝似乎也不赞成年仅 4 岁的为仁即位（据《玉叶》正月七日条），但是通亲强硬地实现了外孙的践祚。

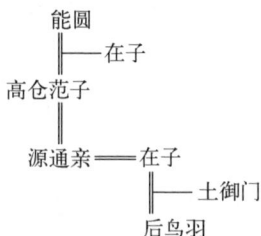

```
                能圆
                 ┃
                 ┣━━━ 在子
             高仓范子
                 ┃
             源通亲 ━━━ 在子
                     ┃
                     ┣━━━ 土御门
                   后鸟羽
```

王家与源通亲的关系图

后鸟羽院退位后，通亲担任他的执事别当，同时作为天皇的外祖父，得以支配朝廷，夺取了院和皇居的实权。当时通亲是正二位的权大纳言，但是事实上掌握了政治的主导权，号称"源博陆"（源氏的关白）（据《玉叶》正月七日条）。后鸟羽尚且年少，关白基通和右大臣兼雅都是以前后白河的近臣，和通亲的立场一致，因此政治的主导权被通亲掌握在了手中（据桥本义彦《源通亲》）。

赖朝在之前默认了兼实下台，却在次年十月失去了一条能保，在次年的九月能保的儿子高能也去世了（据《愚管抄》）。赖朝没有了与朝廷对接的窗口，一般认为他已经对朝廷毫无插手的余地。由此，多数学者认为赖朝被狡猾的通亲用手段玩弄，不但失去了盟友兼实，女儿大姬还没能进宫，因此晚节不保。

但是，大姬进宫工作受挫是由于她的早逝，这是赖朝所没有想到的，而且赖朝还在继续着二女儿三幡进宫的运作。赖朝与兼实的关系在最初就很难说是紧密，所以也不能说赖朝失去了盟友。后鸟羽天皇也已经 18 岁，他自然想要开始院政，这与后白河当政的时候一样，不管天皇是谁，与后鸟羽院的合作才是最有意义的。我们不应该仅仅通过兼实对通亲的反抗以及《愚管抄》的记载来单纯地认为赖朝和通亲是对立的。

最主要的是，通亲给了镰仓将军家很多好处。据《公卿补任》正治二年（1200）项尾附记载，建久八年（1197）十二月十五日，赖朝的继承人赖家跨越从五位下，获得了从五位上的官位。当时，兼实已经失势，主导政治的是源通亲。再加上我后面会提到的，在赖朝去世后，通亲也秘不发丧，授予了仅有五位的赖家左近卫中将的官职。

赖家举行成人礼时获得了从五位上的官位，相当于摄关家庶子。之后，赖家仅凭五位官位获得了中将的官职，即五位中将，这是摄关家嫡子——偶尔也有庶子——才能获得的特权官职。如果是拘泥于身份秩序的兼实，绝不会这样恩惠将军家。是通亲给了将军家与摄关家齐平的特权与家世。

通亲让外孙即位是为了守护村上源氏作为大臣世家的家世，也只有在这一点上他不顾外界眼光采取了行动。通

亲自然没有否定赖朝地位或者幕府的意思。就算是通亲想
要和赖朝作对,他也没有能和赖朝抗衡的背景与实力。

如果赖朝能够第三次上京,恐怕通亲也要恭恭敬敬地
欢迎他,赖朝可能也将成功地把自己的二女儿三幡送进后
鸟羽的后宫吧。根据《尊卑分脉》记载,三幡是在镰仓接受
的御宣旨。赖朝想要将女儿送进后宫,仅仅从这一点来看,
他就很难与兼实合作。但是,赖朝没能再次上京,就溘然
长逝。

赖朝去世

建久十年(1199)正月十一日,赖朝出家。两日后,十三
日,他就停止了呼吸,享年53岁。赖朝去世时的年龄比后
白河小十三岁,比起平清盛也年轻了十岁。另外,河内源氏
的历代家主——除了赖朝被杀害的父亲义朝和曾祖父义
亲——去世时都超过了60岁,和他们比赖朝可以说是
短命。

我们都知道,虽然《吾妻镜》中没有关于赖朝去世的直
接记载,但是在建历二年(1212)二月二十八条中,有提及赖
朝去世的部分。根据记载,是否应当修复相模川桥成了议
题。书中称这座桥上以前发生的事不吉利,提到在建久九
年(1198)稻毛重成主持修建这座桥时,赖朝出席了建成的
供养仪式,却在回程时坠马,不久后就去世了。

　　相模川桥供养仪式是在建久九年十二月二十七日，当日，还举行了重成亡妻的供养仪式（据《镰仓大日记》）。重成是武藏的豪族，他的妻子是北条时政的女儿、政子的妹妹。由于有这层关系在，赖朝才会出席。《保历间记》记载，赖朝发病是因为看到了义广、义经、行家等源氏一门，还有安德天皇的亡灵，但是这肯定不是事实。不过，53岁就去世，不能说是"老死"，所以才会有人把赖朝的去世和旧事联系起来吧。

　　另一方面，正月二十日，赖朝去世的消息被送到了京都。根据摄政近卫基通的儿子家实的日记《猪隈关白记》正月十八日条记载，赖朝由于饮水病（糖尿病）病重，已经于十一日出家；二十日条记载，赖朝在之前的十三日去世了。根据这份记载，赖朝是病逝的。另外，《百练抄》正月十三条也记载了赖朝由于所劳去世（病死）。

　　我们无从判断，这些记载到底是记叙赖朝坠马后的情况呢，还是在表明赖朝一直为旧疾困扰。或者，赖朝也可能不是单纯由于坠马事故受伤而去世，而是由于发病才坠马，就这样成了不归人。赖朝有糖尿病，所以是否也有可能是他冒着寒风骑马时突发脑血管类的疾病呢？

　　即使是一次又一次面临死亡的深渊、坚强地活下来的赖朝，也没有战胜病魔。赖朝就这样撒手人寰，不管是与朝廷的斡旋还是幕府的权力交接都没有完成。在赖朝去世之后，幕府发生了可以说是以血洗血一样的内乱。

结语
——赖朝去世后的幕府

通亲与将军家

赖朝去世后，幕府遭遇了严重的内乱。这其中，二代将军赖家被杀，三代将军实朝也被赖家的遗孤公晓暗杀。结果，源氏将军三代而亡，幕府转向了执权政治。很多学者都认为，导致了这个结果的是赖朝晚年的失政。经历了建久七年政变、大姬没能成功进宫、土御门天皇即位等等事件，赖朝被通亲算计，而正是他的失政招来了武士们对将军独裁的反抗。但是，究竟这个评价是否正确呢？就像我已经写到的，不能将赖朝晚年的政策单纯地概括为"失政"。下面，我想要通过分析赖朝去世后的情势，重新探讨这个问题。

　　赖朝去世后的建久十年(1199)正月二十日,朝廷进行了除目。赖朝的讣告已经传到了京城,但是通亲依然隐瞒了赖朝去世的事,将赖朝的儿子赖家任为左中将。凭借仅仅五位的官位晋升中将,我前面已经提到,这原本是只有摄关家才能享受的特权(据拙稿《五位中将考》)。自不必说,这是通亲对赖家和源氏将军家的恩惠。

　　顺带还要提到,元久二年(1205)实朝也成为了五位中将(据《公卿补任》承元三年实朝项尾附),镰仓将军家已经正式确立了和摄关家一样的家世。如果我们从家世上来考虑,之后实朝在年仅28岁的时候就晋升右大臣,和摄关家子弟一样,也是理所应当的。所以坊间有一种说法,认为实朝的升官不正常,这是后鸟羽想要实朝倒台,所以故意给了他与他身份不符的官职,进行"捧杀",这种说法是没有根据的。

　　另一方面,赖朝去世后,幕府还在进行三幡进宫的运作,从这里我们也能看出在京都掌握实权的源通亲对源氏将军家的优待。通亲提升源氏将军家的家世,支援三幡进宫工作,他应当想要继续与将军家合作。《玉叶》和《愚管抄》这些从九条家的角度出发的史料中记载的,所谓赖朝对通亲的怒火,还有对赖朝要报复通亲的假设都是有问题的。

　　据《吾妻镜》二月六日条记载,正月二十六日,朝廷下令由赖家继承赖朝的衣钵,率领家臣和手下继续奉行诸国守护。朝廷承认赖家继承赖朝的一切,同时承认镰仓幕府继续存在。对于朝廷来说,幕府已经成了必要的机关。之后赖家死亡,以及我在后面会提到的围绕北条时政拥立平贺朝雅为将军而产生的一系列纷争中,朝廷都没有想要介入、瓦解幕府的意图。

但是,赖朝推进的三幡入宫的计划,也随着三幡的夭折以失败告终。五月,三幡病重,后鸟羽派医师丹波时长前往镰仓,但是三幡依然没有好转,于六月三十日去世,年仅 14 岁。她的乳母夫中原亲能十分悲痛,随后选择了出家(《吾妻镜》)。时政在赖朝去世后继续着三幡入宫工作,想要成为王家的姻亲,三幡的去世摧毁了他的野心。大姬和三幡相继去世,导致赖朝和之后的时政想要介入宫廷的工作不断受挫,但是这说到底也只是偶然罢了。通亲给了源氏将军家高贵的家世,并且代表朝廷公认了幕府体制的延续。

赖家去世

现在让我们将视线转移到幕府内部。由于父亲赖朝突然去世,赖家没有准备,突然就成了下一任镰仓殿。当时赖家只有 18 岁,非常年轻。不可否认,赖家在调节御家人之间的相互对立这一方面还经验不足,而且他也没有实战的经验,因此好不容易才在源平争乱中取得胜利的精明的御家人们很难说会完全信任他。而且幕府并不安定,组织还没有完全确立,机能也不够完善。但是,仅仅是将军的经验不足也不会直接导致幕府整体的动摇。南北朝动乱之中的庆安元年(1368),即使是年仅 11 岁就任三代将军的足利义满,也在执事和管领细川赖之的辅佐下开创了室町幕府之后安定的格局。同样,如果有辅佐赖家的实力重臣在,事态会不会发生变化呢?

其实,确实有重臣想要支持赖家。我们都知道,《吾妻镜》中记载,在涉及诉讼时,在需要赖家亲自裁决的同时,还要有十三名御家人和官僚一起进行议定(据正治元年四月十二日条)。这应当是重臣们想要帮助赖家的表现。但是,这些重臣也并不是齐心协力地辅佐赖家,而是互相争斗,最终导致了最糟糕的结果。

正治元年(1199)十二月,侍所别当梶原景时被逼自杀。这是由于景时认为赖朝的宠臣结城朝光进谗言,想要定他的罪,最后自己被御家人们弹劾(据《吾妻镜》)。景时一直作为侍所的核心,为管理御家人殚精竭虑,从杀害上总介广常开始,他就是赖朝的心腹,一直支持着将军的权力。景时是"一之郎等""镰仓本体之武士",《愚管抄》称他的死导致了赖家失势。另外,《保历间记》指出年轻的赖家不像赖朝对景时的进言有所选择和取舍,而是照单全收。总之,景时由于和将军权力太过接近,和其他的御家人产生了距离,所以被孤立,最终灭亡。

另一方面,在赖朝去世时,他费劲心力促成的北条和比企氏的结合没有完全实现,北条也没有成为王家的姻亲。时政转而重新重视起与将军家的结合,想要抛弃与比企氏关系密切的赖家,拥立赖家的弟弟千幡,从这里我们可以窥知,时政的企图与景时的灭亡也有关系(据《玉叶》正治二年正月二日条)。

建仁三年(1203)八月,事态彻底一发不可收拾。赖家陷入重病,比企能员的外孙一幡很有可能成为下一任镰仓殿,因此北条和比企之间爆发了激烈的冲突(来自山本南的启发)。时政率先出手,杀害了赖家和一幡父子,灭亡了比企一族,并且拥立了千幡。时政在将幕府一分为二的大规模斗争中获得了胜利,与大江广元一起就任政所别当,事实上相当于初代执权。

赖朝的权威

千幡成了三代将军,在举行成人礼的同时,被后鸟羽赐名实朝。实朝就任征夷大将军,就算是这样刚刚成年的少年也可以担任这个能彰显镰仓殿权威的官职(来自山本南的启发)。

不过,在两年后的元久二年,时政又想要拥立与后妻牧之方所生女儿的丈夫平贺朝雅了。朝雅是武藏守平贺义信的次子，他的哥哥是大内惟义，而且他还是赖朝的义子。朝雅之前作为京都守护进京，还成了后鸟羽身边的武士。其后，围绕将军的人选，幕府内部又要迎来大规模的内斗。这一次的内斗也是将军最有力的支柱北条氏分裂的原因。

将军（镰仓殿）的地位之所以不安定，是因为将军没有像平氏一样以土地为媒介紧密结合的代代相传的家臣，而是通过姻亲和乳母关系培养心腹，这样一来将军心腹的立场就有了很大变化。赖朝虽然想要让北条和比企同心协力，但是尚未实现他就去世了，所以幕府失去了能够调节二氏之间关系的人物，不免发生大规模的内乱。最后导致赖家被杀，实朝的地位也在北条氏内部围绕姻亲关系的内乱中被时政和牧之方威胁。

除此之外，时政还带头灭亡了畠山重忠一族，这其中三浦义村（三浦义澄的嫡子，义明的孙子）等人也参与了战斗，这应当是由于义村的祖父曾经被重忠祖上所杀，义村心中还有遗恨。战时体制下的首要任务是攻打外部的敌人，因此内部的御家人之间相互的对立就被隐藏了起来，而这些对立关系现在又重新浮上了水面。再加上和御家人们曾经通过没收敌人土地获得新恩给与这一巨大恩惠相比，王朝权威带来的赏赐不能令他们满足，所以即使没有外敌，也要在幕府内部树立敌对者，挑起战争，这应当也是幕府发生内乱的原因之一。

但是,虽然时政有绝对凌驾于子孙之上的父权做背景,但他还是败给支持实朝的女儿政子和嫡子义时,倒台了。政子一方胜利的原因在于她是和将军家一门之长相当的赖朝的未亡人。政子战胜了当时一般人不能反抗的父亲时政,得以保护住实朝。而且她还有作为赖朝的未亡人的权威。包括建历三年(1213)和田义盛之乱在内,将镰仓幕府一分为二的大规模内乱一再发生,但是幕府依然没有瓦解。这是由于每次获得胜利的都是政子支持的派系。最终幕府保持了一惯性,回避了权力交接所带来的混乱,避免了瓦解的结果。

六年后,建保七年(1219)正月,也是没有后代的实朝推举王族作为将军的次年,他被自己的侄子鹤冈八幡宫别当公晓暗杀,公晓自己也被杀害。就这样,源氏将军家的血脉断绝。暗杀事件的背景有很多种说法,一般我们认为这是公晓对下一任将军是王族不满而自发的行动,但是将军被暗杀后也有发生大规模内乱的可能。但是,事态平稳发展。这之后,在后鸟羽院进行的"倒幕"计划——承久之乱中,也是幕府获得了胜利。御家人们面对如此严峻的形势依然获得了胜利,这果然还是得益于作为赖朝未亡人的政子的权威。或者说,是去世的赖朝的权威,还在一直守护着幕府。

后 记

　　当我们写评传时,自然会对人物抱有更深刻的认知。平清盛通过与公家政权的正面对决,让其臣服于自己,而赖朝则是回避对抗,仅仅在东国创建了幕府,因此过去对清盛的评价更高。但是,从某种意义上来看,这样的评价是从结果论来看的。

　　当我们回归人物本身去考量,在登上权力的顶点之前,从某种意义上来说清盛的人生是顺风顺水的。与此相对,赖朝则是完全不同。赖朝一次次从死亡边缘逃脱,从一介流人开始,最终构建了强大的权力体系。赖朝这波澜万丈的戏剧性的一生不得不让人深思。

　　一般来说,对赖朝的评价偏向负面。赖朝清除了自己起兵时的功臣上总介广常,以及同门的木曾义仲,甚至还有追讨平氏的大功臣义经,他很难摆脱冷酷无情的评价。但是,他的各个行动,都是他在如履薄冰还想要守护自己构筑的权力之时,所做出的极端的选择。另外,我也详细论述了义经的问题,这绝不是赖朝无缘无故对义经施压所导致的。如果赖朝不那么做,就没有办法获得军队的信任。

肯定有很多读者,读到我对从大姬进宫开始的赖朝晚年与朝廷交涉部分的分析时,会感到违和。但是,当时的赖朝所期望的,到底仅仅是掌握东国的大权,还是成为全日本最有实力的人呢? 如果他的女儿们没有不幸去世,如果他自己也活得更久,历史会不会发生翻天覆地的变化呢? 总之,我没有采取结果论,而是回到了当时的时间点,去考虑赖朝到底是如何做出决断的,在这个基础上进行论述。本书的视点和分析是否正确,还是交由读者来判断。

本书是前作《河内源氏:诞生了赖朝的武士本流》的续篇。在那本书中,我对于学界的一般观点——河内源氏的"武家栋梁化"和东国武士的组织化促使了镰仓幕府成立——提出了质疑。那么,赖朝是如何构建幕府的呢? 不得不说这是一个重要的问题。本书通过浅薄的论述,姑且提出了一个答案。中世成立期的武士论一直发生着巨大的变化,但是相反,在武士政权成立史方面,绝大多数学者都支持旧观点,强调贵族和武士的对立。如果我的研究能在学界的这种"扭曲现象"中投下一颗石子,那么我就非常满足了。

本书的写作和前作一样,受到了中公新书编辑部的并木光晴的恩惠。如果没有他对我的鞭策和激励,我会被年龄的增长和学校工作带来的负担消耗,可能就不能顺利出版这本书了。我发自内心地感谢并木氏。另外,在这两年多里,我也在大学的课堂上选择赖朝的生涯作为主题,同时准备着正文的写作,我想要感谢在课堂上偶尔对我提出尖锐问题的学生们。最后,我也由衷地感谢阅读了我的初稿的岩田慎平和山本南两位,还有一直支持我的家人们。

元木泰雄

二零一八年十二月

源赖朝年谱

年号	公历	年龄	事 件
久安三年	1147	1	作为源义朝的三儿子出生,母亲是热田大宫司藤原季范的女儿。
保元元年	1156	10	七月,保元之乱。义朝将其父为义、弟弟等处刑。
保元三年	1158	12	正月,成为皇后统子内亲王的皇后宫权少进。
保元四年 (平治元年)	1159	13	正月,兼任右近将监。二月,随着统子内亲王获封院号,由皇后宫权少进转任上西门院藏人。六月,成为二条天皇的六位藏人。十二月,平治之乱。举行成人礼,初战告捷。成为从五位下的右兵卫权佐。义朝败给清盛,赖朝被免官。

年号	公历	年龄	事　件
平治二年 （永历元年）	1160	14	正月，义朝在尾张国被长田忠致杀害。三月，赖朝被发配伊豆。
承安五年 （安元元年）	1175	29	九月，从伊东祐亲手下逃脱，被北条时政保护起来。
安元三年 （治承元年）	1177	31	大约在这一年，与北条时政的女儿政子结婚。
治承三年	1179	33	十一月，平清盛幽禁后白河，建立平氏政权。
治承四年	1180	34	四月，以仁王发布下令追讨平氏的以仁王令旨。五月，以仁王举兵，以仁王与源赖政战败身亡。六月，赖朝决定起兵。八月，在伊豆起兵，讨伐目代平兼隆。在石桥山合战中败北。九月，组织起上总介广常、千叶常胤，于房总半岛再次出兵。十月，与武藏武士们汇合，进入镰仓。在富士川合战中击破平维盛率领的平氏追讨军。与弟弟源义经汇合。在相模国府论功行赏，实行本领安堵与新恩给与。十一月，追讨佐竹秀义，任和田义盛为别当。十二月，迁入镰仓新宅。
治承五年 （养和元年）	1181	35	闰二月，平清盛去世。后白河院政复活。七月，向后白河提出和平提案。

年号	公历	年龄	事件
养和二年（寿永元年）	1182	36	八月,长子赖家出生。
寿永二年	1183	37	二月,镇压叔父志田义广的蜂起,七月,平氏离开京都,义仲入京。十月,恢复从五位下官位。寿永二年十月宣旨,东海与东山道的行政权、军事权、治安管理权获得公认。闰十月以前,义经离开镰仓前往京都。十二月,杀害上总介广常。
寿永三年（元历元年）	1184	38	正月,赖朝代官范赖、义经讨伐义仲。二月,一之谷之战,范赖与义经击退想要再次进京的平氏军队。四月,杀害义仲嫡子义高。六月,杀害一条忠赖。十月,设置公文所与问注所。
元历二年（文治元年）	1185	39	二月,义经在屋岛之战中胜利。三月,坛之浦之战,义经灭亡平氏。四月,官至从二位,位列公卿。五月,冷遇回到镰仓的义经。八月,义经在赖朝的推举下就任伊予守,赖朝妨碍义经管理国务。十月,胜长寿院供养。义经与行家起兵,发布追讨赖朝的宣旨。十一月,义经与行家逃走。赖朝发布追讨义经和行家的宣旨。岳父北条时政作为代官上京。十二月,设立国地头,要求任命议奏公卿等,实行庙堂改革。

年号	公历	年龄	事　件
文治二年	1186	40	三月,召回时政。六月左右,废止国地头。
文治三年	1187	41	义经逃至平泉。十月,藤原秀衡去世。
文治五年	1189	43	闰四月,藤原泰衡杀害义经。七月,出兵讨伐泰衡。九月,占领平泉,平泉藤原氏灭亡。
文治六年（建久元年）	1190	44	十一月,上京。与后白河院、后鸟羽天皇、摄政九条兼实会面。就任权大纳言与右大将。十二月,辞任官职,返回镰仓。
建久二年	1191	45	四月,延历寺游行。五月,将佐佐木定重处刑。
建久三年	1192	46	三月,后白河院去世。七月,赖朝要求朝廷将自己任为大将军,并就任征夷大将军。八月,次子实朝出生。
建久四年	1193	47	五月,赖朝主持富士野围猎。发生曾我兄弟报仇事件。八月,将范赖流放伊豆,之后杀害范赖。十一月,杀害安田义资。
建久五年	1194	48	八月,杀害安田义定。
建久六年	1195	49	三月,再次进京。列席东大寺重建供养仪式。之后与宣阳门院和高阶荣子等人会面,开始大姬进宫工作。

年号	公历	年龄	事　件
建久七年	1196	50	十一月,建久七年政变,关白九条兼实被罢免。
建久八年	1197	51	七月,长女大姬去世。
建久九年	1198	52	十月,在相模川桥供养仪式的归途上坠马。
建久十年	1199	53	去世。

参考文献

主要史料与底本

『大日本百科』（東京大学出版会）

『吾妻鏡』（新訂増補国史大系、吉川弘文館）

『百練抄』（新訂増補国史大系、『百錬抄』吉川弘文館）

『尊卑分脈』（新訂増補国史大系、吉川弘文館）

『公卿補任』（新訂増補国史大系、吉川弘文館）

『兵範記』（史料大成、臨川書店）

『人車記』（『兵範記』）（陽明史学叢書、思文閣出版）

『玉葉』（図書寮叢刊、明治書院）

『吉記』（新訂『吉記』和泉書院）

『山槐記』（史料大成、臨川書店）

『顯広王記』（『国立歴史民俗博物館研究報告』一五三輯）

『官職秘抄』（群書類従、続群書類従完成会）

　　『吉口伝』(群書類従、続群書類従完成会)

　　『清獬眼抄』(群書類従、続群書類従完成会)

　　『愚管抄』(日本古典文学大系、岩波書店)

　　『延慶本平家物語』(勉誠社)

　　『源平盛衰記』(三弥井書店)

　　『源平盛衰記』(新定　『源平盛衰記』新人物往来社)

　　『曽我物語』(日本古典文学大系、岩波書店)

　　『平家物語』(新日本古典文学大系、岩波書店)

　　『保元物語』(新日本古典文学大系『保元物語・平治物語・承久記』岩波書店)

　　『陸奥話記』(日本思想大系『古代政治社会思想』岩波書店)

　　『大山寺文書』(『特別展　古文書が語る播磨の中世』兵庫県立歴史博物館)

全书相关参考文献

　　石川　進　『日本の歴史7　鎌倉幕府』(中央公論社、一九六五年)

　　市川久編　『蔵人補任』(続群書類従完成会、一九八九年)

　　上横手雅敬　『日本中世政治史研究』(塙書房、一九七〇年)

　　──　『平家物語の虚構と真実　上・下』(塙書房、一九八五年)

　　──　『鎌倉時代政治史研究』(吉川弘文館、一九九一年)

　　大山喬平　『日本の歴史9　鎌倉幕府』(小学館、一九七四年)

　　川合　康　『鎌倉幕府成立史の研究』(校倉書房、二〇〇四年)

　　──　『日本中世の歴史3　源平の内乱と公武政権』(吉川弘文館、二〇〇九年)

　　──　『源平合戦の虚像を剥ぐ』(講談社学術文庫、二〇一〇年、初出は一九九六年)

　　木村茂光　『初期鎌倉政権の政治史』(同成社、二〇一一年)

　　坂井孝一　『曽我物語の史的研究』(吉川弘文館、二〇一四年)

　　――　『人をあるく源頼朝と鎌倉』(吉川弘文館、二〇一六年)

　　高橋典幸　『鎌倉幕府軍制と御家人制』(吉川弘文館、二〇〇八年)

　　――　『源頼朝(日本史リブレット)』(山川出版社、二〇一〇年)

　　永原慶二編　『日本の名著9　慈円・北畠親房』(中央公論社、一九八三年)

　　野口　実　『坂東武士団の成立と発展』(戎光祥出版、二〇一三年、初出は一九八二年)

　　――　『中世東国武士団の研究』(高科書店、一九九四年)

　　――　『武門源氏の血脈』(中央公論新社、二〇一二年)

　　美川　圭　『後白河天皇』(ミネルヴァ書房、二〇一五年)

　　元木泰雄　『源義経』(吉川弘文館、二〇〇七年)

　　＊关于受领的任免，本书参照了菊池紳一・宮崎康充編「国司一覧」(『日本史総覧Ⅱ　古代二・中世一』所収、新人物往来社、一九八四年)

第一章　頼朝的登场

　　上横手雅敬　「院政期の源氏」(御家人制研究会編『御家人制の研究』所収、吉川弘文館、一九八一年)

　　佐伯智広　『中世前期の政治構造と王家』(東京大学出版会、二〇一五年)

　　元木泰雄　「源義朝論」(『古代文化』五四―六、二〇〇二年)

　　――　『保元・平治の乱』(角川ソフィア文庫、二〇一二年、初出は『保元の乱・平治の乱を読みなおす』NHKブックス、二〇〇四年)

──　『河内源氏』（中公新書、二〇一一年）

元木泰雄編　『中世の人物　京・鎌倉の時代編第一巻保元・平治の乱と平氏の栄華』（清文堂出版、二〇一四年）

第二章　流放地的日夜

上横手雅敬　「院政期の源氏」（御家人制研究会編『御家人制の研究』所収、吉川弘文館、一九八一年）

坂井孝一　「流人時代の源頼朝」（同『曽我物語の史的研究』所収、初出は二〇一二年）

杉橋隆夫　「牧の方の出身と政治的位置─池禅尼と頼朝と」（上横手雅敬監修『古代・中世の政治と文化』所収、思文閣出版、一九九四年）

多賀宗隼　『源頼政（人物叢書）』（吉川弘文館、一九七三年）

角田文衞　「池禅尼」（同『王朝の明暗』所収、東京堂出版、一九七七年）

滑川敦子　「和田義盛と梶原景時─鎌倉幕府侍所成立の立役者たち」（野口実編『中世の人物　京・鎌倉の時代編第二巻　治承～文治の内乱と鎌倉幕府の成立』所収、清文堂出版、二〇一四年）

野口　実　「「京武者」の東国進出とその本拠地について」（同『東国武士と京都』所収、同成社、二〇一五年）

──　「伊豆北条氏の周辺」（『京都女子大学宗教・文化研究所研究紀要』二〇号、二〇〇七年）

──　「平清盛と東国武士」（『立命館文学』六二四号、二〇一二年）

羽下徳彦　「以仁王〈令旨〉試考」（同『中世日本の政治と史料』所収、吉川弘文館、一九九五年）

森　幸夫　「伊豆守吉田経房と在庁官人北条時政」（『ぐんしょ』三─二、一九九〇年）

――　「頼朝挙兵時の相模目代について」(『ぶい＆ぶい』九号、二〇〇九年)

第三章　挙兵成功

浅香年木　『治承・寿永の内乱論序説　北陸の古代と中世2』(法政大学出版局、一九八一年)

清水　亮　『中世武士畠山重忠』(吉川弘文館、二〇一八年)

滑川敦子　「和田義盛と梶原景時―鎌倉幕府侍所成立の立役者たち」(野口実編『中世の人物　京・鎌倉の時代編第二巻　治承～文治の内乱と鎌倉幕府の成立』所収、清文堂出版、二〇一四年)

野口実　「平清盛と東国武士」(『立命館文学』六二四号、二〇一二年)

元木泰雄　『敗者の日本史5　治承・寿永の内乱と平氏』(吉川弘文館、二〇一三年)

第四章　頼朝与义仲的対立

浅香年木　『治承・寿永の内乱論序説　北陸の古代と中世2』(法政大学出版局、一九八一年)

石井　進　『石井進著作集　第五巻』(岩波書店、二〇〇五年)

佐藤進一　『日本中世史論集』(岩波書店、一九九〇年)

長村祥知　「木曽義仲―反乱軍としての成長と官軍への転換」(野口実編『中世の人物　京・鎌倉の時代編第二巻　治承～文治の内乱と鎌倉幕府の成立』所収、清文堂出版、二〇一四年)

村石正行　「治承・寿永の内乱における木曽義仲・信濃武士と地域間ネットワーク」(『長野県立歴史館研究紀要』一六号、二〇一〇年)

元木泰雄　『敗者の日本史5　治承・寿永の内乱と平氏』(吉川弘文館、二〇一三年)

第五章　賴朝軍队进京

上横手雅敬　「小松殿の公達について」（安藤精一先生退官記念論文集『和歌山地方史の研究』所収、清文堂出版、一九八七年）

金澤正大　『鎌倉幕府成立期の東国武士団』（岩田書院、二〇一八年）

木村茂光　「頼朝政権と甲斐源氏」（『武田氏研究』五八号、二〇一八年）

櫻井陽子　「頼朝の征夷大将軍任官をめぐって」（同『『平家物語』本文考』所収、汲古書院、二〇一三年）

佐藤進一　『日本の中世国家』（岩波現代文庫、二〇〇七年、初出は岩波書店、一九八三年）

長村祥知　「木曾義仲―反乱軍としての成長と官軍への転換」（野口実編『中世の人物　京・鎌倉の時代編第二巻　治承～文治の内乱と鎌倉幕府の成立』所収、清文堂出版、二〇一四年）

菱沼一憲　『源義経の合戦と戦略―その伝説と実像』（角川選書、二〇〇五年）

福田豊彦　『中世成立期の軍制と内乱』（吉川弘文館、一九九五年）

宮田敬三　「元暦西海合戦試論」（『立命館文学』、五五四号、一九九八年）

村石正行　「治承・寿永の内乱における木曾義仲・信濃武士と地域間ネットワーク」（『長野県立歴史館研究紀要』一六号、二〇一〇年）

元木泰雄　『敗者の日本史5　治承・寿永の内乱と平氏』（吉川弘文館、二〇一三年）

第六章　平氏追讨

上杉和彦　『大江広元（人物叢書）』（吉川弘文館、二〇〇五年）

金澤正大　『鎌倉幕府成立期の東国武士団』(岩田書院、二〇一八年)

木村真美子　「中世の院御厩司について―西園寺家所蔵「御厩司次第」を手がかりに」(『学習院大学史料館紀要』一〇号、一九九九年)

近藤好和　『源義経』(ミネルヴァ書房、二〇〇五年)

佐藤雄基　「大江広元と三善康信(善信)」(平雅行編『中世の人物　京・鎌倉の時代第三巻　公武権力の変容と仏教界』所収、清文堂出版、二〇一四年)

高橋昌明　『増補改訂　清盛以前』(平凡社ライブラリー、二〇一一年)

谷　　昇　『後鳥羽天皇の展開と儀礼』(思文閣出版、二〇一〇年)

菱沼一憲　『源義経の合戦と戦略』(角川選書、二〇〇五年)

宮田敬三　「元暦西海合戦試論」(『立命館文学』、五五四号、一九九八年)

目崎徳衛　『貴族社会と古典文化』(吉川弘文館、一九九五年)

元木泰雄　『敗者の日本史5　治承・寿永の内乱と平氏』(吉川弘文館、二〇一三年)

第七章　义経起兵与公武交涉

大山喬平　「文治の国地頭をめぐる源頼朝と北条時政の相剋」(『京都大學文學部研究紀要』二一号、一九八二年)

佐伯智広　「一条能保と鎌倉初期公武関係」(『古代文化』五八―一、二〇〇六年)

野口　実　「北条時政の上洛」(『京都女子大学宗教・文化研究所研究紀要』二五号、二〇一二年)

菱沼一憲　『源義経の合戦と戦略』(角川選書、二〇〇五年)

　美川　圭　『院政の研究』（臨川書店、一九九六年）
　──　『公卿会議─論戦する宮廷貴族たち』（中公新書、二〇一八年）
　元木泰雄　「延慶本『平家物語』にみる源義経」（佐伯真一編『中世の軍記物語と歴史叙述』所収、竹林舎、二〇一一年）
　森　幸夫　「伊豆守吉田経房と在庁官人北条時政」（『ぐんしょ』三─二、一九九〇年）

第八章　义经的灭亡与奥州合战

　入間田宣夫　『藤原秀衡』（ミネルヴァ書房、二〇一六年）
　大石直正　『奥州藤原氏の時代』（吉川弘文館、二〇〇一年）
　大山喬平　「文治の国地頭をめぐる源頼朝と北条時政の相剋」（『京都大學文學部研究紀要』二一号、一九八二年）
　佐伯智広　「一条能保と鎌倉初期公武関係」（『古代文化』五八─一、二〇〇六年）
　角田文衛　「陸奥守藤原基成」（平安博物館記念論文集編集委員会編『日本古代学論集』所収、古代学脇會、一九七九年）
　野口　実　「北条時政の上洛」（『京都女子大学宗教・文化研究所研究紀要』二五号、二〇一二年）

第九章　赖朝上京与后白河去世

　井上満郎　「六条西洞院殿とその時代」（古代学脇會編『後白河天皇』所収、吉川弘文館、一九九三年）
　黒川高明編　『源頼朝文書の研究　史料編』（吉川弘文館、一九八八年）
　──　『源頼朝文書の研究　研究編』（吉川弘文館、二〇一四年）
　佐伯智広　「中世貴族社会における家格の成立」（上横手雅敬

編『鎌倉時代の権力と制度』所収、思文閣出版、二〇〇八年)

　　　櫻井陽子　「頼朝の征夷大将軍任官をめぐって」(同『『平家物語』本文考』所収、汲古書院、二〇一三年)

　　　杉橋隆夫　「鎌倉初期の公武関係―建久年間を中心に」(『史林』五四―六、一九七一年)

　　　勅使河原拓也　「治承・寿永内乱後の東海地域における鎌倉幕府の支配体制形成」(『年報中世史研究』四二号、二〇一七年)

　　　橋本義彦　『源通親(人物叢書)』(吉川弘文館、一九九二年)

第十章　頼朝的晩年

　　　上横手雅敬　「頼朝と東大寺復興」(『日本の中世8　院政と平氏、鎌倉政権』所収、中央公論新社、二〇〇二年)

　　　――　「兼実の失脚」『日本の中世8　院政と平氏、鎌倉政権』所収、中央公論新社、二〇〇二年)

　　　木村茂光　『頼朝と街道』(吉川弘文館、二〇一六年)

　　　佐伯智広　「源通親―権力者二仕え続けた男の虚像」(野口実編『中世の人物　京・鎌倉の時代編第二巻　治承～文治の内乱と鎌倉幕府の成立』　所収、清文堂出版、二〇一四年)

　　　橋本義彦　『平安貴族』(平凡社、一九八六年)

　　　――　『源通親(人物叢書)』(吉川弘文館、一九九二年)

结语

　　　藤本頼人　「源頼家―「暗君」像の打破」(野口実編『中世の人物　京・鎌倉の時代編第二巻　治承～文治の内乱と鎌倉幕府の成立』所収、清文堂出版、二〇一四年)

　　　元木泰雄　「五位中将考」(大山喬平教授退官記念会編『日本国家の史的特質　古代・中世』所収、思文閣出版、一九九七年)

　　　――　「源義朝論」(『古代文化』五四―六、二〇〇二年)

　　――　「源頼朝―天下草創の光と影」（野口実編『中世の人物
京・鎌倉の時代編第二巻　治承～文治の内乱と鎌倉幕府の成立』
所収、清文堂出版、二〇一四年）